古都《みやこ》の言《こと》の葉《は》

〜京都を識るキー・ワード〜

槇野 修

紫紅社

古都の言の葉

～京都を識るキー・ワード～　目次

町家と暮らしのキーワード　98

四季　春のキーワード　112

四季　夏のキーワード　134

四季　秋のキーワード　152

四季　冬のキーワード　164

装幀・装画　塩澤文男

歴史のキーワード

日本を人体に見立てたならば、皮膚や血管は津々浦々の各地であり、東京、大阪、名古屋といった大都会は心臓や肺や主要な臓器にあてられようが、さて、わが京都はいったいなにか、と考えて、京都は、

「記憶機能」

ではなかろうか、とおもった。

京都御苑の西側、上京区の一条通に元真如堂町という住所がある。この意味するところは、いまは左京区浄土寺真如町に建つ「真如堂（真正極楽寺）」が、応仁の乱後、この一条通に移ってきたことを記憶にとどめているわけで、おなじく上京区の白峯神宮の北にある実相院町も、いまは岩倉に移った「実相院」の元地である記憶を甦らせてくれる。


京都市中の住所表示はすべて歴史の記憶をひそませているといっていい。江戸時代の歴史を語る東京の地名を葬り、何々なん丁目とした行政の愚行は呪われなければならないが、わが京都ではそのような蛮行はおこなわれていない。記憶機能が十全とはたらいている。

秀吉が伏見城を築き、諸大名の屋敷を城下に配したことが、いまも伏見区桃山に、「片桐町」「鍋島町」「毛利長門西町」「長岡越中東町」など数多くの町名として残っている。

家からでてタバコ屋に歩くあいだに、歴史の記憶がふんだんにある街、それが千百余年の春秋を「都」として経てきた京都であると、おおいに誇るべきなのだ。

湖底の風土

はるか太古、京都盆地は断層によって陥没した湖の底であったという。京都盆地は南辺だけが開け、ほかの三方は東山、北山、西山と山系が縁どる。鴨川（賀茂川）に架かる橋から望む重畳たる北山の奥行、強い西日の影絵となる西山、そして名刹を麓におき、日々の暮らしに近い東山の峰々。

　都人はつねに山を見、山を意識して四季を暮らす。

　さらに、夏の暑さも冬の底冷えも、その湖底の風土がもたらすものだ。

「京都人は、春と秋を享受する代償として、夏と冬とを諦観しているのである」

　と歴史家の林屋辰三郎は、京都の地勢と人びととの気象を名著『京都』（岩波新書）の冒頭に述べている。

愛宕山七合目より京都盆地を望む

山代・山背・山城

　上に掲出した岩波新書の『京都』の初版は一九六二年五月で、およそ半世紀前の本ながら、いまもって京都を識る第一級の名著で、新書版という軽装本ではあるが、そこに盛られている京都についての歴史的記述は、過不及のない基礎知識で、なにをおいてもまず手にすべき京都本である。二〇〇七年九月で五四刷と版を重ねている。

　たとえば、京都は「山城《やましろ》」の国と呼ばれているが、それについてつぎのように解説する。

　――大和に国家が形成され

る三世紀のころから、この地方は「やましろ」と呼ばれる国となった。『古事記』などには「山代」という文字が用いられているし、その後は「山背」となり、平安時代以後に「山城」と書かれたことは周知のことだ。――

として、「やましろ」とは山そのものを意味し、山林のこと、「したがって山代という文字は、そのような樹木の生いしげった山中の国をあらわしていたのである」。大和からみれば、京都の地は山中の森林国にすぎなかった。と述べている。

賀茂氏

鴨《かも》氏とも書き、大和国から古代京都の北部に移住した氏族で、伝説としては神武天皇の大和入りの先導を賀茂《かも》建角《たけつぬ》身命《みのみこと》（祖先は八《や》咫《た》烏《がらす》という）がつとめ、賀茂御《み》祖《おや》神社（下鴨神社）の祭神となり、やがてその一族は山代の盆地に住みついた。そして賀茂別《わけ》雷《いかずち》神社（上賀茂神社）と両社の神事を司るようになるとともに、県主《あがたぬし》として、京都北部の管理をおこなったとされる。

秦氏

賀茂氏とともに古代京都の最大の氏族が秦《はた》氏である。大和朝廷と大陸や朝鮮半島との関係が深まった四世紀末から五世紀初（仲哀・応神天皇のころ）多くの帰化人が渡来する。そのなかで、秦《しん》の始皇帝の子孫という弓月君《ゆづきのきみ》が百済《くだら》から一二七県の民一万八千六七〇余名を統率して帰化した（大酒《おおさけ》神社由来書）というのが規模も大きい。彼らは土木・灌漑工事や農耕・養蚕・機織などの先進技術をもち、京都の地域繁栄に多大な貢献をはたした。

のちに聖徳太子の側近とな

った秦河勝《はたのかわかつ》は太秦《うずまさ》の広隆寺を創建する。また秦氏は広く京都各地に分散して、秦伊呂《いろ》具《ぐ》が東山三十六峰の南端、稲荷山の山頂に創建した伏見稲荷大社や、秦忌寸都理《いみきとり》が松尾山の磐座《いわくら》を勧請した松尾大社などを草創したことが知られている。

秦氏の由来を語る大酒神社

長岡京

平城京は七一〇年（和銅三）に藤原京から遷《うつ》って、以来七十四年間、日本の都であったが、末期には奈良の寺院の政治的進出やその僧侶たちの専横（玄昉《げんぼう》や道鏡《どうきょう》）、さらに、寺院による国家財政への圧迫があって、桓武《かんむ》天皇（七三七〜八〇六）はそれらの打開策として遷都を決意する。

候補に挙がったのが山背の国で、そのなかでも桂川右岸の水田地帯の乙訓《おとくに》の地であった。この地は桂川、宇治川、木津川が合流し、淀川となって、大坂の港に通じる水運の好地であったことも選定の要素になった。

また、この周辺で繁栄をしていた秦氏の「積極的な誘致運動」（前出『京都』）があったともいわれる。

しかし、七八四年（延暦三）に造営、遷都してわずか十年で長岡京は廃される。

その原因は詳らかではないが、造営大夫藤原種継《たねつぐ》が暗殺され、それに関わったとされる早良《さわら》親王（桓武天皇の異母弟で皇太子）の憤死、そして、その怨霊とおもわれる桓武帝周辺の不幸や風水害の被害がつづき、都を遷さざるをえなくなった。

平安京

　桓武天皇は七八四年（延暦三）五月に長岡京の造営を開始し、同年十一月には遷都をしたが、たびかさなる異変や水害により、和気清麻呂《わけのきよまろ》の発議もあって、葛野《かどの》郡宇太《うだ》村の地に新京を建設して七九四年（延暦十三）十月、遷都の詔を発した。

「此の国　山河襟帯《きんたい》　自然に城を作《な》す　この形勝によって新号を制すべし　よろしく山背国を改め山城国となすべし　また子来《しらい》の民　謳歌《ほうが》の輩《はい》　異口同辞し　号して平安京と号す」

　このように新都となった平安京は、一一八〇年（治承四）の平清盛による半年間（六月から十一月）の福原京遷都を除き、明治二年（一八六九）の事実上の東京遷都まで、約千百年間におよぶ政治・文化・信仰の王城であった。

　しかし、火災、地震、戦乱などがあいついで起こり、都人がその名に願いをこめたような平安な都であった時期はそれほど長く続かなかった。

条坊制

　碁盤目状に区画した市街構造で、中国の古代都城制（唐の制度）を模したものを条坊《じょうぼう》制《せい》という。

　これは古く飛鳥浄御原宮《きよみはらのみや》や藤原京にすでに見られたとされ、平城京を経て、平安京で完成した。

　平安京の京域は東西約四・五キロ、南北約五・二キロの空間で、さらに南北を九条、東西は朱雀大路を中央に各四坊ずつに分けた。

　現在の京都の市街は、その景観が往時から大きく変貌したとはいえ、基本的にはこの規矩に基づいている。

羅城門

羅城《らじょう》とは城の外郭の意味で、平安京も周囲をその羅城で囲むつもりであったようだが、それは実現せず、わずかに南面の一部と羅城門の両脇に設けられただけで、外周を取り囲むまでにはいたらなかった。

京域の南端、朱雀大路《すざくおおじ》の入口として、間口七間、奥行二間、二重閣の鴟尾《しび》をいただいた表玄関がもうけられた。それを羅城門という。九八〇年（天元三）の暴風雨で倒壊、荒廃したまま朽ち落ちた。芥川龍之介の『羅《ら》生門《しょうもん》』（大正四年九月、今昔物語に拠る）にそのころの様子が描かれている。

その復元模型は「京都文化博物館」でみることができる。また、近鉄奈良線の大和西大寺駅と新大宮駅の間の「平城宮跡」に復元された朱雀門にこれと似た姿をしのぶこともできる。

なお「京都文化博物館」は古い洋館の外観を見せて中京区三条高倉にある。

朱雀大路

朱雀《すざく》とは、天の四方を司る四神《しじん》のうち南の神。ちなみに北は玄武《げんぶ》、東は青龍《せいりょう》、西は白《びゃっ》虎《こ》となる。そのため朱雀の方角からのびる大路の意味。京域の北に位置する大内裏《だいだいり》の南門（朱雀門）に羅城門からまっすぐに朱雀大路を通した。ほかの大路が八丈から十二丈の幅員であるのにこの朱雀大路は二八丈（約八四メートル）におよんだといい、街路樹として柳が植えられていたという。朱雀大路の東を左京、西を右京（天皇が南面しての左右）とした。いまの千本通がかつての朱雀大路の位置になる。

大内裏

平安京の京域の北辺中央に、皇居を中心にして諸官庁の区域がもうけられた。それを大内裏《だいだいり》という。

東西一一七四メートル、南北一三九三メートル（『京都市の地名』平凡社）の広さで、朝堂院《ちょうどういん》（政庁で八省百官が執務したところで、その正殿を大《だい》極殿《ぎょくでん》という）や豊楽院《ぶらくいん》（大嘗《だいじょう》会《え》、節会《せちえ》、競馬《くらべうま》、射礼《じゃらい》、相撲など宮中祭事がおこなわれたところ）と天皇と皇后や女御たちの住まいである内裏（皇居）が建っていた。

いまの位置では二条城の北西の一帯となる。

右京・左京

朱雀大路を中心に西を右《う》京《きょう》、東を左京《さきょう》とし（これは天皇が南を向いての左右）、中国の都になぞらえて右京を長安、左京を洛陽とよぶことがあった。

しかし、もともと湿潤な右京の地はしだいに荒廃して右京の北西部や左京へ人家が移っていった。

九八二年（天元五）に成った慶滋保胤《よししげのやすたね》の『池亭記《ちていき》』に、右京は人家も稀になり幽墟のようになったとあるから、早くから平安京の左右均等な街区造りは人為的に崩れていったのである。

東寺・西寺

平安京造営時に羅城門の東西に創建された国家鎮護のための二大官寺。東寺《とうじ》（教王護《きょうおうご》国寺《こくじ》）はそののち嵯峨天皇により空海に勅賜され（八二三年）、真言密教の道場となる。西寺《さいじ》は守敏大徳《しゅびんだいとく》に勅賜、たがいに王城鎮護の寺として発展するが、西寺は九九〇年（正暦元）の大火をはじめ再三の火災により、鎌倉初期に廃絶した。

京都御所

平安京の大内裏は九六〇年（天徳四）の焼失以降たびたびの火災で廃され、光厳《こうごん》天皇が一三三一年（元弘元）に践《せん》祚《そ》、即位した里内裏《さとだいり》（仮皇居）であった東洞院土御門《ひがしのとういんつちみかど》殿が、南北朝時代（十四世紀中後期）から明治維新までの皇居となった。

戦国時代には、司馬遼太郎《しばりょうたろう》の『国盗《と》り物語』の冒頭にあるように荒廃していたが、織田信長、豊臣秀吉が修理また全面改築し、江戸期に入ると徳川家康が新内裏を造営、また、再三の修造により、今日の形となった。東西約二五〇メートル、南北約四五〇メートルの境域。

春と秋の二回、五日間ほど一般公開がおこなわれるほか、参観申請の手続きをすれば随時無料で見学できる。

京都御所　奥は紫宸殿

紫宸殿

御所の南端に建つ現・紫宸《ししん》殿《でん》は一八五五年（安政二）に再建されたもの。南面に構え、檜皮葺《ひわだぶき》の大屋根と優美な入母屋造をみせ、正面に一八段の木段が下がり、白砂敷きの南《だん》庭《てい》に右近の橘《たちばな》、左近の桜をしたがえる。

さらに南庭を囲むように回廊がめぐる。朝賀《ちょうが》、公事《くじ》、即位の礼などの儀式がおこなわれたところである。

清涼殿

清涼殿《せいりょうでん》は天皇の日常の居所で、紫宸殿の北西に建つ。

入母屋檜皮葺の寝殿造は紫宸殿と同じだが東に向いて建ち朝日を受ける。

近世になっては、紫宸殿の北の御常御殿《おつねごてん》に常の座所がもうけられ、清涼殿は、叙位、除目などの公事《くじ》をおこなうところとなった。東庭には正面に呉竹《くれたけ》、南寄りに漢竹《かわたけ》が植えられている。

猿ケ辻

陰陽道《おんようどう》では東北の方角は鬼門とされるため、御所の艮《うしとら》（東北）の角には魔除けの山《さん》王権現《のうごんげん》日吉社《ひよししゃ》の使いである猿が、築地屋根の下の蟇股《かえるまた》に浮彫りにされている。

猿ケ辻《さるがつじ》とはこれにちなむ名（難が去る＝猿）。

一八六三年（文久三）尊攘派公家の中心人物であった姉小路公知《あねがこうじきんとも》がこのあたりでなに者かに暗殺された（犯人は人斬り新兵衛と称された薩摩藩士という）。

いまも御苑を巡回するパトカーがなぜかここに停まっていることが多い。

神泉苑

いまは二条城の南に位置して、樹林に囲まれたわずかな苑池を残すだけだが、神泉苑《しんせんえん》はかつて平安京大内裏の広大な禁苑であった。

北は二条から南は三条、東は大宮から西は壬生《みぶ》までの範囲を占め、湧水の池に魚がはね、林に鹿が走る自然豊かな地で、桓武天皇以降、歴代天皇が遊宴した。また祈雨（雨乞い）の霊場としても知られ、空海と守敏《しゅびん》が請雨法を競って、空海が勝ったという話も残る。

なお、御池通の御池とは神泉苑の池をいう。

御霊会

御霊会《ごりょうえ》とはこの世に怨みをのこし、非業の死をとげた荒御魂《あらみたま》を祀り、怨霊を鎮める会式である。

八六三年（貞観五）朝廷は神泉苑において早良《さわら》親王、伊《い》予《よ》親王、同母藤原吉子《よしこ》、橘《たちばなの》逸勢《はやなり》ら六名の霊を祀り、光明経、般若心経を講じたのがはじまりとされる。

今日でも五月一日から十八日まで、御霊（上御霊）神社と下御霊神社でおこなわれる。七月に京都の夏を彩る祇《ぎ》園祭《おんまつり》も疫病をおさめるための祇園御霊会としてはじまったものである。

八所御霊

奈良時代より政治的な抗争にまきこまれ、無実の罪により非業の死をとげた人たちが怨霊となって祟ると信じられ、その霊を鎮めるため上下御霊神社が建てられた。

上御霊神社の八所御霊は、早良親王、井上内親王、他戸《おさべ》親王、藤原吉子《よしこ》、文屋宮田麻《ふんやのみやたま》呂《ろ》、橘逸勢、吉備真備《きびのまきび》、火雷神である。

なお、下御霊神社の八名の祭神は次の通り。吉備真備、崇道《すどう》天皇（早良親王）、伊予親王、藤原吉子（伊予親王の母）、藤原広嗣《ひろつぐ》、橘逸勢、文屋宮田麻呂、火雷天神（菅原道真）。

薬子の変

藤原薬子《くすこ》は長岡京造営のさい暗殺された藤原種継の娘で、はじめは藤原縄主《ただぬし》の妻となるが、長女が皇太子であった平城天皇に嫁すと、薬子もその平城帝と醜聞を起こす。その関係は平城天皇が嵯峨天皇に譲位したのちもつづき、薬子の兄藤原仲成《なかなり》と計り、平城旧京で平城上皇の重祚《ちょうそ》を画策した。そのため、一時は「二所朝廷」という事態がおきた。八一〇年（弘仁元）上皇が平城遷都の命を発したため、嵯峨天皇は坂上田村麻呂に制圧させた。仲成は殺され、薬子は服毒自殺、平城上皇は出家した。

『延喜式』

醍醐天皇の勅命により、編修された律令の施行細則で五十巻から成る。

九〇五年（延喜五）に藤原時平《ときひら》らによって着手され、九二七年（延長五）に撰進された。平安初期の宮中の儀式や制度などを記す。この『延喜《えんぎ》式《しき》』の神名帳に記載されている神社を延喜式内社といい格式が高かった。

『源氏物語』

物語は周知のとおり、光源氏とその子、薫を中心にした宮廷の生活と貴人らの恋愛を描いて、五十四巻からなる。一〇〇八年ころには一部書き終えて、流布していたようで、二〇〇八年を源氏物語千年紀と称し、再び注目を浴びている。平安時代の貴族らの風俗や行事、暮らしぶりを活写して「平安博物誌」としての価値がたかい。

この物語の著者である高名な紫式部《むらさきしきぶ》でさえ生没年が不詳、『枕草子』の清少納言も同様で、当時の女性は何某の女（娘のこと）とか何某の妻、誰々をうむといった程度の認識であり、歴史の陰にいた。

紫式部でわかっていることは、藤原為時《ためとき》の娘、藤原宣孝《のぶたか》の妻（その後死別）で、父親が式部丞であったことから藤《とう》式部とも呼ばれ、『源氏物語』が藤原道長に認められ、一条天皇の中宮藤原彰子《しょうし》（上東門院）に仕えた、ということ。

紫式部の旧宅という廬山寺の源氏庭

『枕草子』

紫式部が一条天皇の中宮藤原彰子に仕えていたのに対して、『枕草子《まくらのそうし》』の著者清少納《せいしょうな》言《ごん》は、一条天皇の皇后藤原定子《ていし》に仕えていた。藤原道長の策略で、娘の彰子を新しく立后して中宮とし、藤原道隆《みちたか》の娘定子は皇后にした。なお彰子は後一条、後朱雀両天皇をうむ。

『枕草子』は事象、四季、情緒、人生などに関する約三百段の随想で、鋭い感覚と才知あふれる筆致に満ちている。『源氏物語』とほぼ同時期に書き進められたもので、完成は一〇〇〇年（長保二）以後のころといわれている。

『平家物語』

日本古典文学史上、最も有名な「祇園精舎《ぎおんしょうじゃ》の鐘のこゑ、諸行無常《しょぎょうむじょう》のひびきあり。沙《さ》羅双樹《らそうじゅ》の花の色、盛者必衰《せいじゃひっすい》のことわりをあらはす」という書き出しではじまる『平家《へいけ》物語』は、ほぼ十三世紀半ばには完成した軍記物語で、琵琶法師によって語られ、全国に流布した。作者は不詳。

平氏の全盛とその没落、源氏の台頭、壇の浦での平氏滅亡までが語られる。京都の天皇、公家、そして、武家の人間模様と各事件が鮮明に描かれ、京都の歴史散歩の格好な読み物となる。

京・白河

白河《しらかわ》天皇は一〇八六年（応徳三）に堀河《ほりかわ》天皇に譲位して、白河殿（いまの岡崎公園一帯付近）において、堀河・鳥羽・崇徳天皇の三代四十三年におよぶ院政をはじめる。

そのため、貴族たちもつぎつぎと白河周辺に邸宅を構えて集まり、殷賑《いんしん》をきわめた。その繁華ぶりを京・白河と並称した。

天下三不如意

院政を開始して、ときの最高権力を握った白河法皇でも、

「賀茂川（河）の水、双六の賽、山法師、これは朕が心に随わぬもの」

として天下の三不如意《さんふにょい》をなげいた。賀茂川の治水やサイコロの目もままならないが、とくに比叡山延暦寺の僧兵（衆徒）には手を焼いた。

彼らは日吉社の神輿をかついでたびたび市中で騒ぎ、自分らの要求を強訴する。これに対抗するため源平の武士らが登用され、やがて武家の世がひらかれていく。

六勝寺

平安神宮や岡崎公園、市美術館、市動物園がある現在の岡崎地区には町名として、岡崎最勝寺《さいしょうじ》町、岡崎成勝寺《せいしょうじ》町、岡崎法勝寺《ほうしょうじ》町などの寺名がのこるように、白河天皇をはじめとする天皇、皇族らが六つの勝《しょう》の字のつく寺院を造営した。白河天皇の法勝寺（一〇七七年創建）、堀河天皇の尊《そん》勝寺《しょうじ》（一一〇二年）、鳥羽天皇の最勝寺《さいしょうじ》（一一一八年）、待賢門院璋子《たいけんもんいんしょうし》の円勝寺《えんしょうじ》（一一二八年）、崇徳《すとく》天皇の成勝寺（一一三九年）、近衛天皇の延勝寺《えんしょうじ》（一一四九年）である。とくに法勝寺の伽藍は壮大で八角九重の大塔を池の中島に持つもので、その高さは約八二メートルもあったという。しかし、いずれの寺も十六世紀後半には姿を消した。

六勝寺跡地に立つ平安神宮の大鳥居

鳥羽離宮

平安京の羅城門から南に「鳥羽《とば》作り道」がつくられた。その名は洛南の地、鳥羽郷に由来する。

白河天皇は退位後の院御所として、藤原季綱《すえつな》より寄進を受けた水郷の地鳥羽に十一世紀末、離宮の造営を開始、広大な池水を第一の景観として華麗な殿舎が建ち並んだ。

平安京からは鳥羽作り道で結ばれ、離宮の壮大さは「都遷《うつ》り」したようだといわれた。しかし鎌倉時代以降は荒廃して、いまは御堂として建てられた安楽寿院《あんらくじゅいん》などが周辺にのこるだけである。

保元の乱

皇位継承をめぐる対立と藤原家の氏長者をめぐる対立が後白河天皇と藤原忠通《ただみち》、崇徳《すとく》上皇と頼長《よりなが》の内乱になった（一一五六年＝保元《ほうげん》元）。後白河側は平清盛・源義朝《よしとも》の軍、崇徳側は源為義《ためよし》・源為朝《ためとも》の軍を引き入れ戦う。結果は後白河側の勝利となり、頼長は宇治に敗走中に死に、崇徳上皇は隠岐に流された。

平治の乱

後白河天皇の寵臣藤原通憲《みちのり》（信西《しんぜい》）と同じく信任を得ていた藤原信頼《のぶより》はことあるごとに対立していた。

保元の乱後の昇進で平清盛に差をつけられた源義朝は信頼側につき、一一五九年（平《へい》治《じ》元）十二月、清盛一行が熊野詣のおりに挙兵して内裏を占拠する。

しかし、きゅうきょ帰京した清盛に源氏側は敗れ、信頼は六条河原で斬殺、義朝も敗走中、尾張で殺された。

この保元・平治の乱によって時代は武家台頭の世を迎えることになる。

太郎・次郎焼亡

太郎焼亡《しょうぼう》のほうは一一七七年（安元三）四月二八日の大火、次郎焼亡のほうは翌年の一一七八年（治承二）四月二十四日の大火。

太郎焼亡のほうが広範囲で市中の三分の一を焼き、大内裏も大極殿などが焼失した。太郎焼亡のあった年の八月に治承《じしょう》と改元されたので二つの火災を称して「治承の大火」という。

この後も京都の大火は頻発し、さらに十一年間におよぶ応仁・文明の乱によって平安京をしのぶ建物は、ほとんどすべて消えてしまった。

承久の乱

源実朝《さねとも》が幕府の内紛により暗殺され（一二一九年＝承久《じょうきゅう》元）、それを好期とみた後鳥羽上皇など公家勢力は一二二一年（承久三）、城南宮《じょうなんぐう》の流鏑馬《やぶさめ》と称して兵を挙げ、北条義時《よしとき》の幕府軍と戦う。しかし敗れて、後鳥羽、土御門、順徳の三上皇は配流された。公家勢力の挽回どころか、幕府政権を盤石なものとしてしまった。

二条河原落書

後醍醐天皇による建武政権がはじまった翌年、一三三五年（建武二）の八月、天皇の政治拠点である二条富小路殿近くの二条河原に、「此頃都ニハヤル物、夜討、強盗、謀《にせ》綸旨《りんじ》、召人、早馬、虚騒動《からさわぎ》」と書き出された落書が立った。新政下の混乱と社会の矛盾を風刺した痛烈な一文はおおいに共感を得たという。

南北朝

一三三六年は南朝元号＝延元元年、北朝元号＝建武三年となるが、この年、後醍醐天皇は吉野に遷幸して、南北朝の対立がはじまる。南朝を大《だい》覚寺統《かくじとう》というのは、後醍醐天皇の父後宇多天皇が大覚寺に入寺したことによる。また北朝を持明院統《じみょういんとう》というのは、北朝帝の祖である後深草天皇が京都の持明院（いまはない）を御所としたことによる。

一三九二年（元中九＝南朝）後亀山天皇が京都に戻り、大覚寺で南北朝合一の講和会議が開かれて五十七年におよぶ対立時代が終わった。

花の御所

足利三代将軍義満《よしみつ》が築いた室町御所のこと。室町殿ともいう。

現在の今出川通以北、上立売通以南、室町通から烏丸通までの範囲で、一三八一年（永徳元）に落慶法要がおこなわれた。

この御所内には多くの花木が植えられ、「花の御所」といわれた。

公家文化の中心地に幕府を置いた義満はやがて北山殿を造営してほかに類をみない金箔塗りの金閣を建て（一三九七年）、絢爛なる北山文化を華ひらかせる。

応仁・文明の乱

京都の街を完膚なきまでに戦火で焼失させた応仁《おうにん》・文明《ぶんめい》の乱（一四六七〜七七）は、上御霊神社の御霊の森ではじまった。足利将軍家や管領家の相続争いが主因だが、そもそもは、幕府の重臣畠山家の家督争いで、政長《まさなが》と義就《よしなり》両派に分かれて衝突が起ころうとしていたのである。将軍足利義政は戦火の拡大を危惧、両派の手兵だけで戦わせようとした。しかし、山名宗全《そうぜん》（持《もち》豊《とよ》）は義就を応援して大勝した（一四六七年）。これに呼応して細川勝元も兵をあげ、ついに大乱となり、十一年間つづいた。その戦火のため旧京都市街では大報恩寺《だいほうおん》（千本釈迦堂）以外、室町時代以前の寺社建築はのこっていない。

応仁の乱で焼け残った大報恩寺本堂

上京焼打

一五七一年（元亀二）に比叡山を焼打《やきうち》した織田信長は、二年後の天正元年四月、上京を焼打する。焼失家屋六七〇〇戸という。これは足利義昭の信長に対する反抗とそれを支持した上京の住人ら（とくに公家官僚たち）に対する報復であった。「謙遜服従《けんそんふくじゅう》」な下京は焼かず、「富《と》み傲慢《ごうまん》」な上京に火を放ったのである。

本能寺の変

いま寺町通御池下ル東にある本能寺《ほんのうじ》は、この歴史上あまりにも有名な変事の舞台ではない。

一五八二年（天正十）六月十二日、明智光秀が「わが敵は本能寺にあり」と兵を向かわせ攻撃、信長が自刃した本能寺は中京区本能寺町・元本能寺町という町名がのこる一帯にあり、いまは立派な跡碑が立っている。

豊臣秀吉が本能寺を現在地に移したのは、一五九二年（天正二十）のことで、いま私たちが見る本堂などの建物は昭和三年の再建となる。

山崎の合戦

大山崎《おおやまざき》の北に天王山《てんのうざん》という標高二七〇メートルの山がある。麓に桂川、宇治川、木津川を流し、対岸に石清水《いわしみず》八幡宮が鎮座する男山を見る。隘《あい》路《ろ》な西国街道を通す。

一五八二年（天正十）信長自刃の報せを聞き、毛利軍と休戦して明智光秀を討つべく東上した秀吉は、六月十三日に光秀軍をこの山崎の地で撃破して勝利を得た。

そのため勝敗を決する分かれ目を「天王山」というようになった。実際の合戦はもっと長岡京よりでおこなわれたようだ。

聚楽第

明智光秀をたおし、信長の後継者となり、関白、太政大臣にのぼり、豊臣の姓を賜った秀吉は、都である京都の改造計画にのりだす。

そのひとつは京都の中心に壮大な城郭を築くことで、まさに大内裏の旧地である内野《うちの》の地が選ばれた。一五八六年（天正十四）に聚楽第《じゅらくだい》の造営開始、その範囲は北は一条通（元誓願寺通とも）、南は下立売通、東は堀川通、西は千本通とし、全長一〇〇〇間の堀をめぐらせた。

本丸に天守閣をすえ、北の丸、南二の丸、西の丸の曲輪《くるわ》と諸殿を建て、周辺には各大名の屋敷を配置して城下町をなした。

一五八七年に完成というからかなりの突貫工事であった。翌年には後陽成《ごようぜい》天皇の行幸をあおいだ。その後、関白となった養子豊臣秀次《ひでつぐ》に譲り、秀吉は伏見城に入るが、一五九五年（文禄四）秀次に謀叛ありとして高野山に追放、自殺させて同時に聚楽第も壊敗《かいはい》させた。わずか九年間の夢幻であった。

聚楽第の遺構として大徳寺唐門や西本願寺の飛雲閣《ひうんかく》がいま見られる。

北野大茶湯

秀吉は聚楽第の完成と九州平定を祝って一五八七年（天正十五）十月一日に北野天満宮境内の松原で大茶会を催した。

茶席の数は一五〇〇とも一八〇〇席ともいわれる。天満宮の拝殿の中央には黄金の茶室が設けられ、その前には茶頭をつとめる秀吉、千利休、津田宗及《そうぎゅう》、今井宗久《そうきゅう》の席があり、茶道具はすべて秀吉の秘蔵品だったという。

身分をかまわず全国から茶の湯愛好者に参加をよびかけて、その光景は壮観をきわめたという。

御土居

建築・土木の天才豊臣秀吉が京都の城塞化と洪水による被害から守るために築いた土塁を御土居《おどい》という。

東は鴨《かも》川の西岸、西は紙屋《かみや》川の東岸、北は鷹峯、南は九条までとして（総延長約二三キロ）、高さ五尺から十二尺の土堤で囲い、その外側に堀をめぐらせた。

いま、北野天満宮の境内西側や玄琢《げんたく》（北区）などにその名残が見られる。

伏見城

聚楽第を秀次に譲った秀吉は一五九二年（文禄元）隠居城として伏見指月《しげつ》山に伏見城を着工、一五九四年に完成をみた（指月城とも）。

しかし、翌年の大地震で倒壊し、場所を北東の木幡《こはた》山に移し、山頂に本丸と天守閣をいただいた豪壮な第二の伏見城を築く。

今日でも山麓の地には城下を形成した諸大名の名をのこす、長岡越中町、金森出雲町、毛利長門西町、桃山町松平筑前などの町名が現存する。

秀吉の死後、徳川家康が入城、しかし、上杉征伐に赴いた（一六〇〇年）おり、関ヶ原の戦いを前にして、西軍の攻撃により、城は焼亡した。

　その後、時をおかず再建されて、豊臣軍攻撃の拠点となり、そして、大坂城落城後は廃城された（一六一九年）。伏見桃山の御香宮神社の境内に城の石垣に使われた巨石が積まれている。

　なお、この城で徳川三家の藩祖となる義直《よしなお》（九男、尾州家）、頼宣《よりのぶ》（十男、紀州家）、頼房《よりふさ》（十一男、水戸家）をえており、家康も江戸城より、伏見城に居る機会が多く気に入っていたようだ。

血天井

　上記のように、伏見城は一六〇〇年（慶長五）徳川家康が会津上杉征伐で留守のおり、小早川秀秋や島津義弘ら西軍の攻撃を受け、守備役の鳥居元忠《もとただ》らは持ちこたえられず、大広間で元忠をはじめ多数の武士（三百八十余名とも）が自刃した。

　その血痕がのこる板間の部材が、西賀茂の正伝寺《しょうでんじ》や大原の宝泉院《ほうせんいん》、鷹峯の源光庵《げんこうあん》、東山の養源院《ようげんいん》などの天井に用いられ、「血天井」として当寺の凄惨な情況を物語っている。あまりいい趣味とはいえないが、これも供養の一種か。

二条城

二条城の外堀と東南隅櫓

　四季を問わず大勢の人が訪れる人気スポット。堀川通に面した東大手門付近の駐車場にマイカーや団体客を乗せてきたバスがびっしりと並んでいる。
　二条城は四周を幅広い外堀と高々とした石垣が囲み、さらに内堀に守られた本丸御殿部分がある。城内は約六万四千坪。織田信長が足利義昭《よしあき》のために築いた（一五六九年）旧二条城もあったが、現在みるのは徳川家康が宿館として、一六〇一年（慶長六）に着工したもので、家康は征夷大将軍の宣下を受けることを予想して、堂々たる平城を築いた。

一六二六年（寛永三）の後水尾天皇の行幸に合わせて、今日の規模に拡大した。天守閣も築いたが、いまは二の丸御殿、本丸御殿がのこる。二の丸御殿内の障壁画、二の丸庭園に加えて、外堀に張り出した隅櫓《すみやぐら》の姿が豪壮である。

仙洞御所

仙洞御所の洲浜

京都御苑のなか、御所の南東に、徳川幕府が後水尾天皇の退位にそなえて造営した仙《せん》洞御所《とうごしょ》がある（一六〇三年）。御殿などは焼失し、いまは池泉回遊式の大庭園と二つの茶室がのこる。樹林に囲まれた南北二つの池や小田原石を敷き詰めた洲浜《すはま》が見事だ。仙洞とは上皇の御所の意である。

紫衣事件

江戸幕府による朝廷への圧迫政策を示す事件として知られる。

紫衣《しえ》とは宗派を問わず高僧に朝廷が与えた紫色の僧衣で、七三五年（天平七）に玄《げん》昉《ぼう》が聖武天皇から紫袈裟《けさ》を下賜されたのをはじめとするように古くから続いていた勅許制度で、すなわち朝廷の収入源のひとつとなっていた。

ところが幕府は一六一三年（慶長十八）に「勅許紫衣法度」を、二年後には「禁中並公《きんちゅうならびにく》家諸法度《げしょはっと》」を定めて、朝廷が勝手に紫衣や上人号を与えることを戒めた。

これには以心崇伝《いしんすうでん》（家康・秀忠・家光三代に仕えた政僧）らの京都の寺院に対する統制施策があり、それに反発した後水尾天皇は、なお紫衣の勅許を続けた。

態度を硬化させた幕府は一六二七年（寛永四）に勅許状の多くを無効とし、幕府の立場を朝廷の上位とする示威をおこなった。

それに抗議した大徳寺の沢庵、妙心寺の東源ら数人の僧が配流されたのである。

この事件により徳川秀忠の娘和子（東福門院）を中宮として公武宥和《ゆうわ》の世をめざしていた後水尾天皇だが、にわかに退位をはやめたという。

京都の大火

先に記した一一七七年（安元三）の太郎焼亡、翌年の次郎焼亡が京都の大火災として古い歴史にのこるが、それ以降も大火はたびたび都をおそい被害をもたらす。

年表をみれば、一四八九年の下京大火、一四九四年の下京大火、一五〇〇年の上京大火、一五七三年の信長の上京焼打、江戸時代に入って寛文の大火（一六六一年）、延宝の大火（一六七三年）、西陣焼け（一七三〇年）、天明の大火（一七八八年）、そして、禁門の変による鉄砲焼け（どんどん焼けとも、一八六四年）とたびたび京都の市中は焼失した。そして、その間に応仁・文明の乱による十一年間の徹底的な破壊がおこなわれた。

すなわち京都は千何年の都といい、平安の雅が残るというものの、たびたびの再生（再建）都市であるといえる。

天明の大火

右に記した京都の大火のうち最大級のものが一七八八年（天明《てんめい》八年）におこった「団栗《どんぐり》焼け」ともいう天明の大火である。

一月三十日早朝、団栗橋東詰付近の民家から出火して、西は千本通、南は七条通、北は鞍馬口通まで二昼夜にわたって延焼、『京都大事典』によると、類焼した町数は約千四百町、家数約三万七千軒、罹災世帯六万五千戸、市街地の五分の四が焼亡したという。

もちろん多くの有名な寺社も焼けたのである。

都名所圖會

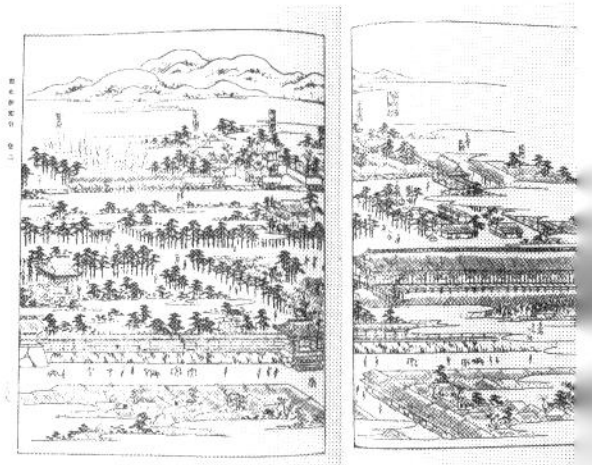
正確な俯瞰図を載せる

一七八〇年（安永九）に刊行された全六巻の京都の寺社、名所旧跡の案内本で「名所圖會《ずえ》」のさきがけ。秋里《あきさと》籬島《りとう》が執筆、竹原信繁が俯瞰的で精緻な絵を描いた。籬島はその後、各地の名所圖會を出版する。京都のものでは、「都林泉名勝図会」「都花月名所」などがある。

寺田屋騒動

伏見の船宿寺田屋に集結して倒幕のクーデター（関白と所司代の暗殺）を企んでいた薩摩藩尊攘派の有馬新七、田中謙助に対して、公武合体実現のため上京していた藩主の父島津久光が鎮撫使《ちんぶし》をさし向け自重を求めたが、説得に応じず、斬り合いになった事件（一八六二年四月二十三日）。

当時の女将お登勢《とせ》は勤皇の志士たちを支援、事件後には坂本竜馬をかくまっている。

いまも寺田屋は当時のままのこり、少し前までは旅館営業をしていたが、現在は見学だけできる。

池田屋事件

新撰組による尊攘派志士襲撃事件。

一八六四年（元治元）六月五日、三条小橋の旅館池田屋に集まっていた長州・土佐藩などの志士七名を新撰組が斬殺、二十三名を捕縛。京都守護職の兵士約三千人が周囲を取り巻くなかでおこなわれた。

これにより新撰組の名が知られるようになったが、長州藩は激怒して、禁門の変をまねいた。

三条小橋を西に三〇メートルほど行ったスーパー明治屋の横にこの事件の石碑が立つ。

蛤御門の変

御苑の御門は四辺の通りにそれぞれあるが、烏丸通の蛤《はまぐり》御門《ごもん》が、一八六四年（元治元）年七月十九日の早朝からはじまった禁門《きんもん》の変（蛤御門の変）によってよく知られるところとなる。

長州藩が公武合体派を打倒するために上京し、守護職松《まつ》平容保《だいらたかもり》を擁立する薩摩・会津などの諸藩と戦闘状態に突入した。

この戦いで京都の半分は焼けた。京都の人はこれを「どんどん焼け」という。御門にはいまも刀傷や銃弾痕がのこっている。

東京行幸

京都の古い人のなかには、冗談とも真顔ともつかない話しぶりで、「天皇さんは東京へ行幸なさったまま、いまだ京都に還幸なさっていない。早くお帰りになればいいのに」という人がいる。一八六八年九月八日、明治と改元。明治天皇は同月二十日、東京に向け行幸、十月十三日に江戸城を皇居とされた。京都市民に動揺がおきて、いったんは京都に戻られるが、翌年三月に再び東京へ行幸、太政官も移り、皇后も十月五日に東京へ向かう。それ以来、お二人とも京都のお住まいに戻ることはなかった。公式な遷都の声明なしに、事実上、東京が都となってしまった。

　都が去った京都には産業基立金十万円が下賜されたが、痛手は大きく、以後懸命な大事業（疏水、市電、博覧会など）がおこなわれ、王都から一地方都市への没落をくいとめようと官民一体となって、近代化を成しとげた。

京都御苑

　北は今出川、南は丸太町、東は寺町、西は烏《からす》丸《ま》の各通りに囲まれた広大な国民公園（皇居外苑、新宿御苑も同じ）で、格好の散策地になっている。

　明治天皇が一八六九年（明治二）、東京に再度行幸され、事実上の遷都がなされると、宮家や公家たちも東京に移り、御所周辺の屋敷は整理され、その広大な跡地を苑地とした。

　約三万三千坪の御苑の中央に京都御所や仙洞《せんとう》御所、大宮御所が位置している。とにかく空が広く、手入れの行き届いた樹々が美しい。

琵琶湖疏水

深草を流れる琵琶湖疏水

　山の向こうにある豊かな水源、琵琶湖の水を利用したいとむかしから都人は思っていた。高瀬川を開削した豪商・角倉了《すみのくらりょう》以《い》も疏水計画を立案していたという。

　第三代の京都府知事北垣国《きたがきくに》道《みち》のときに若き技術者、当時二十歳の田辺朔《たなべさく》郎《お》をあてて実行された。都でなくなった京都近代化のための大事業で、一八九〇年（明治二十三）の完成によって水道用水が確保され、また、水力発電による電力の増強が可能となり、路面電車の運行が実現された。

南禅寺の境内にはレンガ造りの水路閣《すいろかく》が建ち、禅宗の古刹と明治の近代事業が風景として溶けあっている。

若王子《にゃくおうじ》橋から銀閣寺橋までの疏水沿いの約二キロの遊歩道は「哲学の道」として知られる。

また、塩小路橋から墨染までの疏水も隠れた桜の名所となっている。

インクライン

南禅寺の境内に建つ水路閣

大津の三保ケ崎から流れてきた疏水は、蹴上《けあげ》から岡崎公園にかけての急勾配を下ることになり、船運には不都合であることから、別の斜面にレールを敷き、船を台車に乗せて上下させた。これをインクラインと呼んだ。現在はその遺構がのこり、線路もそのままに往時をしのばせる。

京都博覧会

一八七一年（明治四）十月十日から西本願寺の大書院を会場として日本初の博覧会が一ヶ月間開催された。しかし、内容、客足とも不十分だとして、翌年、西本願寺に加え、建仁寺、知恩院を会場とする八十日間の開催をもって、第一回京都博覧会とした。このとき「都《みやこ》をどり」をはじめる。はじめは一万数千人の入場者が、多い年は三十万人を超えるまでになった。

一八七三年（明治六）から京都御苑、その後、岡崎の博覧会館、京都市勧業館で昭和三年までほぼ毎年開催した。

京電と市電

琵琶湖疏水の水力発電を電力として、一八九五年（明治二十八）二月、民営の京都電気鉄道は塩小路高倉・伏見下油掛町間の約六・五キロに日本で最初の市街電車を走らせた。その後、順次路線を延長した。

　一九一二年（明治四十五）六月に市営電車も開業、両者競合ののち、一九一八年（大正七）に市が京電を買収する。市内を縦横に走る市電はチンチン電車として戦後もおおいに市民の足として親しまれたが、一九七八年（昭和五十三）に廃止された。

平安神宮

一八九五年（明治二十八）に平安京遷都千百年を記念して平安神宮は創建された。祭神は桓武《かんむ》天皇と昭和十五年に合祀された孝明《こうめい》天皇（平安京最後の帝）。朱塗りの大鳥居、さらに応天門をくぐると広々とした白砂の庭の先に碧瓦《へきがわら》の大極殿（拝殿）が建つ。東に青龍楼、西に白虎楼が控える。

　これらの建物は平安京の大内裏の正庁であった朝堂院《ちょうどういん》を約八分の五のスケールで模したもの。社殿の背後に約一万坪の宏大な池泉回遊式の神苑があって、桜の季節はもちろんのこと四季それぞれに平安時代をしのばせる景観を楽しむことができる。

平安神宮神苑

洛中洛外のキーワード

京都は狭い街である。

ということを、わたしは以前、市の全域を大きなスープ皿に、市街をそこに注がれたわずかだが濃厚なスープに喩えて述べたことがある。

京都駅を中心にして半径八・五キロの円を描くと、その線上に、嵯峨の天龍寺（右京区）、上賀茂神社（北区）、修学院離宮（左京区）、上醍醐（伏見区）が、そして、市外の万福寺（宇治市）や乙訓寺（長岡京市）が位置する。だから、この八・五キロの円内に主要な名所旧跡や寺社はほとんど入るといってもいい。

中心を京都駅から京都御所に変えてみると、半径十二・五キロの円内に、愛宕山山頂、鞍馬・貴船、大原の里、洛西の勝持寺・大原野神社、そして比叡山もふくまれて、東はもう琵琶湖の湖面にでてしまう（東京で皇居から同じ円を描けば、すべてビルか住宅の密集地である）。

京都は濃密な街である。

ということがいえて、京都を訪れる人びとは、たとえば、醍醐寺の宏壮な伽藍を見たその足を北西にむければ、嵯峨野の竹林に佇むことも、陽の傾きが変わらないうちに可能なのだ。鬱蒼たる樹林と渓流の鞍馬・貴船から商売繁昌の伏見稲荷大社までも同様でいずれも乗換をいれて一時間以内の電車の距離だ。車であれば、市役所から出発して三十分も走れば、そこはもう深い山のなかの道になる。

京都はじつに場面転換の速い街であると、わたしはおもう。

洛中洛外

「洛」は中国洛陽《らくよう》の略で、洛陽が周や後漢、隋などの首都であったことから「都」の意となる。中国にまねて、平安京の左京を洛陽と称し、長安と称した右京が衰微したため、京都は「京洛《けいらく》」と呼ばれ、京都に来ることを上洛などという。洛《らく》中洛外《ちゅうらくがい》をおおまかに分ければ洛中は上京区、中京区、下京区となり、洛外は、洛東《らくとう》（東山区、左京区南域、山科区）、洛西《らくせい》（右京区、西京区）、洛南《らくなん》（南区、伏見区）、洛北《らくほく》（北区、左京区北域）と分けられる。また、豊臣秀吉が御土居《おどい》を築き、その内を洛中、外を洛外としたこともある。

洛中洛外図屏風

洛中や洛外の名所や祭礼、人びとの生活ぶりを俯瞰した都市風俗屏風図で、室町時代後半より江戸中期までかずかず制作されている。

金色の雲のあい間に、町並や公家、武士、庶民が暮らす姿、また寺社、祇園祭などの年中行事が浮かび上がり、その描写の筆は精緻を極めている。

一五七四年（天正二）に織田信長が上杉謙信に贈った狩野永徳筆の上杉家本が有名で、また、千葉県佐倉にある国立歴史民俗博物館所蔵の町田家本も優品である。

上ル下ル

北に行くことを上《あが》ル、南に行くことを下《さが》ルという。御所に向かうことを上ル、離れることを下ルという説もあるが、平坦な地形と思われる京都盆地でも南から北に向かってなだらかに上り勾配になっているから、それに拠ったのであろう。たとえば河原町通三条上ル、といえば、河原町通と三条通の交差点を北に行った場所という意味である。ただ、この上ル下ルもほぼ市街のこと、すなわち碁盤の目状の洛中とその近隣で通用する方向指示と住所標示である。

西入ル東入ル

街が碁盤の目状に形成されているため、京都人は東西南北の方向感覚に敏感である。南北は上ル下ルで、そこから左折したり右折したりすることを「西《にし》入《い》ル東《ひがし》入《い》ル」という。丸太町通堺町東入ルは、丸太町通と堺町の交差点を東に行くということ。上ル下ル、西入ル東入ルが上手に使えたら、一人前の京都通となる。

大路小路

平安京を造営するとき、南北に十一本の大路《おおじ》、二十二本の小路《こうじ》を一町間隔につくった。

大路は八丈から十二丈（朱《す》雀《ざく》大路は二十八丈）、小路は、堀川小路、西堀川小路の十二丈（うち四丈は川）を除いて四丈の幅を基準とした（一丈は約三メートル）。

これら南北路を縦路という。東西路は横路といい、大路十三本（九条大路、一条大路は十二丈、二条大路は十七丈）、小路二十六本がもうけられた。この大路小路は幅員は変わってもいまに残る。

上京・下京

平安京の大路のうち最大の幅員をもつのは都城を左右に分ける南北路の朱雀大路《すざくおおじ》で二十八丈（約八四メートル）、これにつぐ幅広い大路が東西路で大内裏《だいだいり》の南辺を通る二条大路で十七丈（約五一メートル）あった。

前述したように、右京が荒廃して、この二条大路も平安中期には大内裏の東側（左京側）が重要な幹線となった。そして、この二条大路を境にして北側を上辺《かみわたり》、南側を下《しも》辺《わたり》と称するようになり、それが上京《かみぎょう》、下京《しもぎょう》として京域を大きく分けた。

図子と路地

図子《ずし》は辻子とも、路地（ろうじと発音）は露地とも書く。

四辺を通り（大路小路）に囲まれた京都の町並において、内部の空間を利用するために細い図子や路地をつくった。

図子は通り抜けられる道のことをいい、行き止まりの場合、路地という。

図子の開通によってできた区画を図子町として、現在も多くみられる。

一軒露地ということばもあり、これは内側の一軒の家のための路地ということで、比較的裕福な家がその路地の奥にある。

通り名覚え唄

子どものころ覚えさせられたと、京都市中の人はいう。

京都市街には縦路、横路の大路小路が多いため、五七調でリズミカルに口ずさみながら通りの名前とその位置を覚えるようにしたもの。東西路は北から南へ、南北路は東から西へ唱える。たとえば、「丸竹夷二押御池《まるたけえびすにおしおいけ》、姉三六角《あねさんろっかく》蛸錦《たこにしき》」と唱え、丸太町《まるたまち》通、竹屋町《たけやまち》通、夷川《えびすがわ》通、二条《にじょう》通、押小路《おしこうじ》通、御池《おいけ》通、姉小路《あねこうじ》通、三条《さんじょう》通、六角《ろっかく》通、蛸薬師《たこやくし》通、錦小路《にしきこうじ》通と北からの順番を覚えるわけである。さらに「四綾仏高松万五条《しあやぶったかまつまんごじょう》」と口ずさみ、四条《しじょう》通、綾小路《あやこうじ》通、仏光寺《ぶっこうじ》通、高辻《たかつじ》通、松原《まつばら》通、万寿寺《まんじゅじ》通、五条《ごじょう》通と東西路を覚える。

また、南北路の覚え唄は、「寺町《てらまち》御幸《ごこう》麩屋《ふや》富《とみ》柳《やなぎ》、堺《さかい》高《たか》間《あい》東《ひがし》車《くるま》」ではじまり、東から、寺町《てらまち》通、御幸町《ごこうまち》通、麩屋町《ふやちょう》通、富小路《とみのこうじ》通、柳馬場《やなぎのばんば》通、堺町《さかいまち》通、高倉《たかくら》通、間之町《あいのまち》通、東 洞院《ひがしのとういん》通、車屋町《くるまやちょう》通と覚えるのだ。

京のヘソ

さて、京都の中心はどこだろうと、市の広域図を眺めれば、左京区、右京区が北に広がり、西京区も西に奥深く、伏見区も淀川を南に越えている。現在の広い京都市の範囲から考えれば、やはり京都駅か、いや上賀茂神社あたりが中心点といってもいいようだ。しかし、伏見など洛南に住むお年寄りたちは、四条河原町界隈に出掛けることを、いまだに「京都に行く」といったりするのを聞けば、京都の中心は旧市街にもとめることになろう。

六角通東《ひがしの》洞院《とういん》西入ルに、正式には紫雲山頂法寺《ちょうほうじ》という天台宗の寺、通称六角堂が建つ。この境内に「ヘソ石」という五〇センチばかりの石が石畳敷のなかに埋めこまれている。これが京都の中心だという。

平安京の道路を設計したら、この六角堂が道をふさぐことがわかり、聖徳太子ゆかりのお堂ゆえ苦慮していたところ、一夜のうちに堂みずから北に五丈ほど動いた。そして、のこったのが本堂の礎石で、それこそが京の臍《へそ》だといい伝えられ、のちにいまの境内に移された。

京の七口

六角堂の「ヘソ石」

古来、五畿七道といわれるように、京都と諸国を往還する街道の出入口が、七口《ななくち》あるということだが、その数や場所は時代によって一定ではない。ただ、秀吉の御土居築造によって、ほぼ固定化される。よく知られる地名としてのこる粟田口《あわたぐち》、荒神口《こうじんぐち》、鞍馬口《くらまぐち》のほか、東寺口《とうじぐち》、丹波口《たんばぐち》、清蔵《きよくら》口《ぐち》、大原口《おおはらぐち》などがあった。

京と街道

粟田《あわた》口は東海・東山・北陸の各街道が集まる三条大橋以東の出入口。

荒神《こうじん》口は比叡山の東麓の坂本にいたる山中越の出入口。

鞍馬口は鞍馬寺への鞍馬街道。

東寺口は西国街道、丹波口は丹波街道、清蔵《きよくら》口も丹波と市中を結ぶ。

大原口は若狭街道への出入口であった。

京の七野

古い町家が軒を連ねる洛中のけしきが京都らしいと思われる向きもあろうが、そんな京都には意外に野のつく地名が多い。

北方に位置する、「洛北七野」とか「京都七野」と呼ばれるのは、内野《うちの》、平野《ひらの》、北野《きたの》、上野《うえの》、紫野《むらさきの》、蓮台野《れんだいの》、〆野《しめの》（神明野）で、〆野のかわりに萩野《はぎの》か御来栖野《みくるすの》をいれることもある。

内野と平野と北野

京の七野のうち、内野は平安京の大内裏の跡地を示す。一一七七年（安元三）以降、天皇は里内裏に移り、平安京創建時の大内裏は寂しい地になった。のちにこの内野に秀吉が聚楽第《じゅらくだい》を造営する。また、平野は平野神社を中心とした地域で、禁野や薬園があり、近世には市中への農産物の供給地だった。

そして、北野は北野天満宮一帯のことで、かつては貴族たちの遊猟地であり、なおかつこの地を流れる川の水が大内裏の用水となるほど清らかな野であった。

紫野と蓮台野

上野も紫野《むらさきの》も船岡山から北方に広がる地域で、とくに紫野は多くの塔頭をかかえる禅刹大徳寺や今宮神社の一帯のこと。

京都人はいま紫野といえば大徳寺のことをすぐに思い浮かべる。大徳寺も創建当時は紫野寺といった。この地は天皇らの遊猟地で禁野であり、春に貴人たちは若菜摘みを楽しんだ。

また、船岡山の西の蓮台《れんだい》野《の》はかつて化野《あだしの》（嵯峨）や鳥辺野《とりべの》（東山山麓）とならぶ京都の代表的な葬送の地であった。

化野

いまの左京区嵯峨、小倉山の東北麓の一帯、二尊院から化野《あだしの》念仏寺にむかうあたりを化野という。『徒然草』に「あだし野の露消ゆる時なく、鳥部山の煙立ちさらでのみ住み果つるならひならば、いかに、物のあはれもなからん。世はさだめなきこそ、いみじけれ」と記され、阿大志野《あだしの》とも書き、古くは死骸を捨て、風葬にした無常の地である。

鳥辺野

鳥部野《とりべの》とも鳥戸野とも書く。平安期から葬送地や墓地として知られ、藤原道長（一〇二七年没）も鳥辺野で火葬され、また『源氏物語』にも夕顔や葵の上がここで火葬されたとある。

かつて京都の人びとは鴨川を渡り、松原通をのぼり、途中六道の辻という現世と別れる辻を通り、遺骸を運んだ。

古くは東山三十六峰のひとつ阿弥陀ケ峰（標高一九六メートル）の北西麓から今熊野《いまくまの》への南西麓一帯をいったが、いまは清水寺へ向かう五条坂の南、西大谷墓地あたりをさす。

宇多野

東は御室《おむろ》、西と北は鳴滝《なるたき》に挟まれた地であるが、かつてはもっと広く、宇太野《うたの》ともいわれた地名であった。

いまも仁和寺《にんなじ》のはるか北に宇多谷川や宇多野谷の地名がみえる。

桓武天皇が勅使をつかわして、新京となる好適地を探した結果、宇太野の地を認めたことが平安京遷都につながる。

ということは、上京区の東北部も含めた広汎な地名であったと考えられる。

嵯峨野

「野は、嵯峨野、さらなり」と『枕草子』にいわれた嵯峨野は、全国に知られた京都を代表する景勝の地である。

京都人にとってもこの嵯峨野は特別に趣のある地域として、一寺一社、一木一草にさえ気品があるように感じてあこがれている。

古くはいく筋もの川の水が流れ込む湿地であったが、丹波から流れてくる桂川に秦氏が堰《せき》をもうけ、肥沃な田畑にした。そのため、この地を流れる桂川をとくに大堰川《おおいがわ》と称する。

天皇・貴人また文人墨客たちが別荘を建て、『源氏物語』『平家物語』などにも記されてきた風趣な地である。

また古来、嵯峨八景がいわれ、嵯峨野の春草、亀山（天龍寺の裏山）の緑樹、広沢池《ひろさわのいけ》の秋月、小倉山の紅楓、野宮《ののみや》の松風、愛宕山の積雪、桂川の水鳥、清凉寺《せいりょうじ》の晩鐘を数える。これらのけしきはいまもその佳景を十分に楽しむことができる。

大原野

大阪府との県境、西山連山のひとつ小塩山《おじおやま》（標高六四二メートル）の東麓に広がるのが大原野《おおはらの》である。

市中から離れているため、まだ四季それぞれの自然が色濃くのこる。桜や紅葉の時期の人出も市街にくらべればの話だが比較的少ない。

花の寺といわれる勝持寺《しょうじじ》や奈良の春日神社を勧請した大原野神社、西山御坊といわれる善峰寺《よしみねでら》などがあり、静けさを求める人には格好の地域で、また、大原野は竹の里でもあり、筍の産地として有名である。

太秦

「太秦《うずまさ》」は京都の難読地名の代表である。

いまは京福嵐山線とＪＲ嵯峨野線に太秦《うずまさ》駅があるが、両駅はずいぶん離れてＪＲ駅のほうが西に位置する。この地は渡来人秦《はた》氏の本拠地で、その歴史は平安京をはるかにさかのぼり、仏教伝来のころとなる。秦氏の祖秦酒公《はたのさけのきみ》は勅命により百八十種の部族を率いて、「庸調の絹縑を奉献」し、禹豆麻佐《うつまさ》の姓を賜った。

そして聖徳太子の側近であった秦河勝《かわかつ》は太子より仏像（国宝第一号となった弥勒菩薩半跏思惟像とされる）を譲りうけ、蜂岡寺（いまの広隆寺）を創建した。このような逸話が示すように太秦は京都においてもっとも古い地である。

太秦の広隆寺境内

深草

「夕されば　野辺の秋風　身にしみて　鶉《うずら》鳴くなり　深草の里」

これは『千載《せんざい》和歌集』にある藤原俊成《しゅんぜい》の歌。深草《ふかくさ》の里は稲荷山の南、竹林と名月と鶉で知られる草深い閑寂な地であった。縄文晩期や弥生時代初・中期の集落遺跡が発掘されるなど、京都盆地のなかではもっとも古くから開けた地である。また、古代には「深草屯倉《みやけ》」という皇室の直轄領であり、深草十二帝陵も山麓に鎮まる。

いま、同名の京阪電鉄の駅があり、お稲荷さんの総本社である伏見稲荷大社、藤森《ふじのもり》神社、石峰寺《せきほうじ》、宝塔寺など、京都市街とはまた趣の異なる社寺が周辺に点在する。

石峰寺の五百羅漢

鞍馬・貴船

いまは叡山電鉄が貴船口、鞍馬両駅へ通い、この地は行政区分として左京区に入るが、京都の深奥、伝説の地としての情趣はまだ濃い。

天狗や牛若丸の話が残る鞍馬寺や僧正《そうじょう》ケ《が》谷《だに》、木根道《きのねみち》、鞍馬の火祭で知られる由岐《ゆき》神社があり、山岳修験の霊地であることを伝える。

鞍馬は古名暗《くら》（闇）部とすると古書にある。

また、貴船神社の社殿も、玉依姫《たまよりひめ》が黄船に乗って淀川、賀茂川をさかのぼり、貴船川に入り、この地に一宇を建てたことを草創としている。

梅津

右京区で桂川左岸の地域。延喜式内社の梅宮《うめのみや》大社があり、ここは子授かりの社として信仰される。また、四条通をそのまま西へ松尾橋を渡れば対岸に松尾大社が建つ。

かつて当地は桂川の水運の要所で、丹波地方から運ばれた木材の河港で栄えた。梅津《うめづ》一族が天台宗の寺として創建し、のちに臨済禅宗になった長福寺も高い甍をみせている。

御室

この御室《おむろ》の地の中央には大内山を背景にして真言宗御室派の総本山仁和寺《にんなじ》の広大な伽藍が建つ。

光孝《こうこう》天皇と次帝の宇多天皇により完成した仁和寺（八八八年）は、宇多帝が出家して寺内に僧房（御室）を建てたことにより御室御所と呼ばれて、門跡寺院としては最高位の寺となる。

そのため仁和寺の寺領一円を御室と称する。仁和寺境内の御多福《おたふく》桜（御室桜）は、遅咲きのため市中の桜が散ったあとに多くの市民が花見に訪れることで知られる。

鳴滝

福王子（右京区）の交差点から周山《しゅうざん》街道は鳴滝《なるたき》地区を南北分けるように、ゆるやかに上ってゆくが、鳴滝はその北側の森林地帯が奥深い。

走りはじめた周山街道から少し南に入ると十二月九日、十日の大根焚きで知られる了徳寺《りょうとくじ》、北へ入ると浄土宗の尼寺である西寿寺《さいじゅじ》（ここの墓地からの眺めは京都市街を広々と見渡せる）、日蓮宗の三《さん》宝寺《ぼうじ》がある。

古く鳴滝は平安京の祓いの場であり、近世は鳴滝砥石の採掘地として知られ、本阿弥家がその役を担っていた。

岩倉

平安京造営のさい、都の四方に一切経を納めた岩蔵《いわくら》を設けて王城鎮護を祈願した。その北にあたるのが岩倉の山住《やまずみ》神社で、裏山に神が降臨するとされる磐座《いわくら》があり、当地の地名もそれによる。比叡山を間近にするところから平安期に実相院《じっそういん》や大雲寺など天台宗の寺院が創建された。明治新政府の要職についた岩倉具視《ともみ》も一時この地に隠棲し、その旧宅が実相院近くにのこる。大雲寺は昭和六十年におきた金銭トラブルで広大な伽藍は破壊され、その跡地に精神科の病院が建っている。

小野

京都には小野の地が三ケ所ある。ひとつは周山街道を北上し、さらに杉坂口を越えた地域（北区）で、北山杉を植林する中心地。かつて朝廷へ木材や薪などを収めていた。もうひとつは、古く愛宕《おたぎ》郡小野郷といった修学院、上高野、さらに大原にいたる地域で、小野妹子《いもこ》の子、小野毛人《えみし》の墓誌が崇道《すどう》神社境内から発見されるなど、小野氏が広く居住していたと思われる。三つ目の小野は、現山科区の南東部、勧修寺《かじゅうじ》や随心院《ずいしんいん》が建つあたり、随心院は小野小町ゆかりの寺。

醍醐

醍醐《だいご》の語源は、仏教用語で、牛乳から精製される五段階の味、乳味、酪味、生酥《しょうそ》味、熟酥《じゅくそ》味、醍醐味のうちの醍醐味からきている。聖宝《しょうぼう》（理源大師）が霊験にみちびかれて、醍醐山頂（笠取山）に登ったとき、白髪の翁に化身した横尾明神（地主神）があらわれ、湧き水を飲み、「これこそ醍醐味、この地は仏が法を説く勝地たり、よく教えを広め衆生を利せよ、吾もまた擁護せん」といって姿を消した。聖宝はそこに石を積み閼《あ》伽《か》井《い》として霊水をまもった。その醍醐水から山名に、また堂宇を建て寺名としたという。

現在の醍醐寺は上醍醐、下醍醐と分けられるが、醍醐山の西麓にかけて広大な寺域を有する真言宗の大寺である。

下醍醐の五重塔

宇治

宇治《うじ》は都の東南にあり、琵琶湖からの流れの宇治川が中心となる景勝の地である。『源氏物語』の宇治十帖の舞台であり、平安貴人たちの別業が営まれた宇治は、嵯峨と並称される風光明媚な地であった。

藤原文化の白眉である平等院をはじめ、神社建築として日本最古の遺構である宇治上神社、琴坂という美しい参道をもつ興聖寺《こうしょうじ》、三室戸寺《みむろとじ》、県《あがた》神社など古い社寺が多い。川霧がたちこめ、茶の栽培に適して、中世より茶の名産地となる。

三尾

周山《しゅうざん》街道を北上すると、京都とはいえ、まったく山国のけしきになる。山間の渓流となる清滝川の中流に位置する三つの山を総称して三尾《さんび》と呼ぶ。「尾」は「すえ」とか「さき」の意で、山が谷におちる先端部をいうのであろう。北から栂尾《とがのお》、槇尾《まきのお》、高雄《たかお》（尾）、となり、青葉のころや紅葉の時期が美しく山を彩り、それぞれに古刹を抱き、多くの観光客を集める。

栂尾

高潔な僧として知られる明《みょう》恵《え》（一一七三〜一二三二）は、臨済宗の日本での宗祖となる栄《よう》西《さい》（一一四一〜一二一五）が宋から持ち帰った茶種を栂尾《とがのお》の地で栽培して広めた。

そのため栂尾茶を「本茶」と呼び、ほかの地域の茶と区別した。

明恵は文覚《もんがく》に師事して出家、東大寺で華厳や密教を学び、一二〇六年（建永元）後鳥羽上皇の院宣をえて、華厳宗の道場として高山寺《こうざんじ》を開く。山深いこの寺は鎌倉初期の建築である石水院《せきすいいん》（国宝）がとくに知られる。

槇尾

高山寺から周山街道を戻って清滝川に架かる白雲橋を渡ると、およそ二〇〇メートル先に渓谷に下りる道がある。一軒の茶屋の脇に対岸への橋があって、段丘の上に西明《さいみょう》寺《じ》が建つ。槇尾《まきのお》山西明寺は空海の弟子にあたる智泉《ちせん》（甥ともいう）が神護寺の別院として天長年間（八二四〜三四）に草創した。

その後、たびたび焼失して、今日みる本堂は徳川綱吉の生母桂昌院の寄進になる。紅葉に染まる医薬門や境内のようすが、小さな寺ながらたいへんに美しい。

高雄

栂尾、槇尾、それぞれに紅葉の名所であるが、とくに高《たか》雄《お》町のほぼ全域をしめる古刹、神護寺《じんごじ》山内の紅葉がすばらしい。この地域に多いイロハモミジを高雄カエデと称するほどである。神護寺は、空海や最澄も入寺した高雄山寺にはじまる。文覚上人が中興の祖となった。清滝川を結界とするかのように、高雄橋を渡ると乱れ積みの急峻な石段がはじまり、息を切らせて登ること二〇分あまり、豪壮な山門があらわれる。その先は「天上の庭」といえる広大な神護寺の境内で、金堂、五大堂、毘沙門堂が奥に配され、さらに奥庭のような地蔵院脇から眺める錦雲渓《きんうんけい》の絶景は筆舌につくしがたい。そこは小さな素焼の皿を渓谷に投げる土器《かわらけ》投げで知られる。

山腹を平坦にした神護寺の境内

六波羅

かつては六原《ろくはら》とも麓原ともいい、空也《くうや》上人の弟子の中信《ちゅうしん》が上人創建の西光寺を、仏教で涅槃の境地にいたる六種のおこない（布施、持戒、忍辱《にんにく》、精進、禅定《ぜんじょう》、智慧）である六波羅蜜にちなんで「六波羅蜜寺」と寺名を改めたことで、現地名となった。史上でも平家一門が権勢を誇った場所であり、鎌倉期には、六波羅探題が置かれた。六波羅蜜寺の宝物館には、口から六体の小仏（南無阿弥陀仏の六音を視覚化）を吐く空也上人像や虚空をみつめる平清盛像がおさめられている。

八坂

高麗系の渡来氏族である八《や》坂造《さかのみやつこ》が居住したことによる地名（愛宕《おたぎ》郡八坂郷）である。祇園さんと親しまれる八坂神社や法観寺《ほうかんじ》の「八坂の塔」が建つ。

法観寺の寺伝によると聖徳太子が仏舎利を納めた五重塔を建てたことがはじまりといい、創建には八坂造が関わったと伝わっている。

八坂のシンボルとなる現在の五重塔（約四六メートル）は一四四〇年（永享十二）足利義教の再建になる。その名の示すとおり京都にはめずらしく坂の多い地域である。

四条河原町

東西の四条通と南北の河原町通の交差点で、京都一の繁華街となる。

高島屋、阪急両デパートをはじめ、銀行やファッションビルなど新旧さまざまな建物が並び、つねに賑わいをみせている。東京ならば、銀座、新宿、渋谷、池袋と多くの繁華街があるが、京都でそれらに比するところは、この四条河原町界隈ただ一ヶ所といっていい。

祇園祭の鉾も四条通を東に進んできて、この交差点で初めて勇壮な辻回しがおこなわれる。

新京極

平安京の造営は、南北路として中央に朱雀《すざく》大路、左京の東端に東京極《ひがしきょうごく》大路、右京の西端に西京極大路を通した。のちに右京が衰退し、都市は東に発展する。豊臣秀吉は東京極大路にあたる寺町通に数多くの寺院を移転させ、ある種の都市防衛機能とした。京都の新興を計画した槇村正直《まきむらまさなお》知事は、一八七二年（明治五）寺町通の東に歓楽街を造り、市中の賑わいを復活させた。東京極大路（寺町通）の東ということで「新京極《しんきょうごく》通」と称した。四条から三条までアーケード街となり、京都市民や観光客、修学旅行生らの人波がたえることはない。

新京極通の「錦天満宮」

西陣

応仁・文明の乱（一四六七～七七）で西軍の山名宗全《やまなそうぜん》が本陣をこの地に構えたことに由来する地名。

乱が終息したのち、避難していた織手たちが戻り、機業の集団である大舎人方《おおとねりがた》を復活させ、綾錦《あやにしき》織物をさかんに生産した。

複雑な分業体制で家内仕事が多く、いまも路地を歩くと機織の音が平屋建ての町家から聞こえる。

堀川通の西に晴明神社、その北に西陣織会館があり、観光客の足が向くところとなっている。

桃山

御香宮神社に残る伏見城の巨石

文禄三年（一五九四）に豊臣秀吉が築城した伏見城は、秀吉の没後、関ヶ原の戦いの前哨戦で炎上する。その後、徳川家康が再建し、二代目将軍秀忠が修造するが、一六二三年（元和九）廃城となる。その城跡にいつしか桃の木が植えられ、江戸中期には桃林がひろがり、地名、また時代や文化の名称にあてられた。

鷹峯

千本通を北上すると、仏教大学あたりからかなりの坂道になり、上り切った先でT字路になる。そのあたりを鷹峯《たかがみね》といい、かつて鷹網を張ったことからの地名。

本阿弥光悦《ほんあみこうえつ》が、美術・工芸の職人たちを引きつれて芸術村をひらいた地で、光悦寺、常照寺《じょうしょうじ》、源光庵《げんこうあん》といった市街とは趣を異にする閑雅な寺が周辺にあつまっている。

桂の里

桂の里は東向きに流れていた桂川が南に向きをかえる右岸の地で、古く藤原道長の桂山荘があり、江戸時代に入ると、八条宮家の別荘である桂離宮が造営された。

『日本美の再発見』のなかでドイツの建築家ブルーノ・タウトは、この桂離宮を激賞して、「涙が出るほど美しい」といった。雁行して建つ書院群、池泉回遊式の庭園は日本最高の美をみせている。

苔寺と通称される西芳寺《さいほうじ》や竹の寺という地蔵院も近い。いまも市街にくらべてのどかな陽の光にみちた里である。

乙訓の里

『日本書紀』には「堕国《おちくに》」とか「弟国《おとくに》」とみられる古い地名。いわれは、垂仁天皇の十五年春、天皇は丹波の国から五人の姉妹を召して、長女を皇后とし、次女、三女、四女を妃としたが、五女の竹野媛《たかのひめ》は「形姿醜きに因りて、本土に返しつかはす」ことになり、それを恥じて竹野媛は途中、「自ら輿より堕ちてみまかりぬ」。そのことで、堕国の名がついたと日本書紀にある。悲劇のような喜劇のような命名である。また、乙訓の里は長岡京が開かれた地であり、聖徳太子を開祖とし、一時、空海を別当とした乙訓寺《おとくにでら》が知られる。

乙訓寺（長岡京市）

大原の里

市中から足をのばす人の多く訪れるところである。京都駅からバスで約一時間。高野川に沿って八瀬を過ぎ、若狭街道を北行すると、四方を山に囲まれたひなびた里があらわれる。

この大原の地では三千院《さんぜんいん》や寂光院《じゃっこういん》が人気の寺となる。

古歌に歌われることもしばしばで、式子内親王《しきしないしんのう》が『新古今和歌集』に、

「日数ふる　雪げにまさる　炭竈《すみがま》の　けぶりもさびし　大原の里」

と詠んだように古くは都への薪や炭の供給地であった。

山科の里

天智天皇が大津京を営んだことにより、山科《やましな》は大津と大和を結ぶ交通の要衝となった。

逢坂山《おうさかやま》を西に越え、東山山系までの盆地が山科の里で、山科本願寺や討ち入り前の大石内蔵助が隠棲していたことでも知られる。門跡寺院の毘沙門堂、勧修寺《かじゅうじ》、また岩屋寺などがみどころ。

日野の里

醍醐と宇治市に接する地域で、浄土真宗の開祖である親《しん》鸞《らん》（一一七三～一二六二）の生誕地として知られる。

親鸞は藤原北家の流れをくむ日野有範《ひのありのり》の長男で九歳のとき、のちに四度天台座主となる慈円に入門する。

その後、浄土宗の法然に師事し、浄土真宗の基礎を開く。

日野はまた『方丈記』を著した鴨長明《かものちょうめい》の隠棲地であり、その碑が残る。裸踊で知られる法界寺《ほうかいじ》（日野薬師、また乳薬師ともいう）や親鸞の生誕地に草創された日野誕生院が建つ。

水尾の里

柚子《ゆず》の里として知られ、村に入ると芳しい香りがただよってくる。水尾は山腹に畑や家が貼りつくような集落で、保津峡《ほづきょう》から狭い山道を北に行った亀岡市との境の山里である。

水尾帝《みずのおてい》と呼ばれた清和《せいわ》天皇陵や清和神社がひっそりとある。

墨染

塩小路橋から地表に勢いよく流れ出た琵琶湖疏水は、やがて京阪電鉄の線路にそっておだやかに南流し、東福寺、鳥羽街道、伏見稲荷、深草、藤森の各駅にちかく、そのゆっくりとした流れをみせ、墨《すみ》染《ぞめ》の先で水溜池となり、ふたたび暗渠《あんきょ》となる。

この地名は墨染寺《ぼくせんじ》の境内にある墨染桜に由来する。関白藤原基経《もとつね》（八九一年没）の死を悼んで歌人上野《かんつけの》岑雄《みねお》が、

「深草の　野辺の桜し　心あらば　今年ばかりは　墨染めに咲け」

と詠んだことによる。

鴨川

「すゞしさや都を竪《たて》にながれ川」と蕪村《ぶそん》の句にあるように、鴨川は京都の街なかを南北に流れて、京に暮らす人びとにもっとも親しまれている川である。

平安京造営のおり、堀川の流れを東に変えて高野川と合流させたという説がある。高野川との合流点より上流を賀茂川、下流を鴨川とする。古くはしばしば洪水をひきおこしたが、いまは水流もおだやかで、ところどころにもうけられた堰《せき》による小滝が白い飛沫をみせていっそう美しいけしきになっている。

高野川

左京区と滋賀県大津市の境途中峠あたりを源として、大原、八瀬、上高野と若狭街道に沿って流れ、出町柳《でまちやなぎ》の賀茂大橋の下で賀茂川と合流する。流路は約二〇キロ。上高野の花園橋から上流は、うっそうとした樹木が川の両側にせまり、渓谷の趣をみせている。

筆者がこの高野川沿いで見どころとしておすすめする寺は、まず花園橋から若狭街道に入ったすぐのところに位置する蓮華寺（名庭として知られる）。そして、大原の北に山中の寺として深山幽谷の趣をみせる阿弥陀寺をあげておく。

高瀬川

三条小橋と高瀬川

御朱印船《ごしゅいんせん》貿易で巨万の富を得た角倉了以《すみのくらりょうい》が一六一一年（慶長十六）に開削した運河で、二条大橋西詰から、鴨川の水を引き、並行するように南流し、繁華な木屋町を流れて東九条で再び鴨川と合流する。

いま木屋町通には雑駁《ざっぱく》な店舗が建ち並び、そのため高瀬川も情緒に欠ける。

高瀬舟

舟底の平らな物資運搬用の小型舟を高瀬舟といい、高瀬川を上下した。いま、木屋町通の北側近くの一之船入に酒樽を積んだ高瀬舟が繋留《けいりゅう》されている。

川名はこの舟の名からついた。下りはゆるやかな流れにまかせていくが、上りは人足たちが川堤から綱で舟を引く。大正九年（一九二〇）まで運航していた。

安楽死と貧困をテーマにした森鷗外の好短編『高瀬舟』は夜に高瀬川を下るこの舟のなか、罪人と役人とふたりの話で展開する。

白川

「かにかくに　祇園はこひし　寝るときも　枕の下を　水のながるる」

と祇園の情趣を歌い、こよなく京洛の地を愛した歌人、吉井勇の歌。この水の流れが白川で、華やぐ街の灯りや桜や柳の色を映して鴨川に注ぐ。源は比叡山中にあり、白川村を通って、花崗岩質の砂により白く清らかな流れから白川と称される。

宇治川

たとえば宇治橋から眺めても、伏見の観月橋《かんげつきょう》から見下ろしても宇治川の水量はつねに多く、流れも速い河川である。

琵琶湖の南端が源で桂川、木津川と合流して淀川となる。古来、京都と奈良をむすぶため、宇治川に架かる宇治橋は最重要な橋であり、六四六年（大化二）にはすでに架橋されていた。

『平家物語』の「橋合戦」や「宇治川の先陣争い」はよく知られる。また、柴舟、水車、柳、網代が宇治川を描く風物となり、とくに朝霧がかかるころの景色がいい。

三十石船

かつて京・大坂間の交通の大動脈といえば、宇治川・淀川を往復する水運であった。過書船《かしょせん》という荷客船が往来し、そのうち客船を三十石船と称した。伏見と大坂八軒家を結ぶ。夜、伏見から乗れば、朝、大坂に着く。宿代をうかすことができるためおおいに繁盛した。落語の「三十石」にその様子が詳しく描写されている。

桂川

都会的な「街の川」になった鴨川にくらべ、桂川は各所にまだ自然味をのこす川である。嵐山、松尾、桂といった景勝地を流れる。

古くは、葛野《かどの》川と呼ばれたり、鴨川を東川というのに対して西川ともいった。丹波山地から亀岡、京都西部を流れ、淀川に合流する全長約一一四キロの京都においては大河といっていい。

通称として桂川は嵐山より下流の名称で、渡月橋《とげつきょう》付近では大堰《おおい》川、それより上流を保津《ほづ》川と呼ぶが、さらに上流部はまた大堰川という。

堀川

堀川こそ賀茂川の本流であるとする説があって、平安京を造営するさいに上賀茂付近で堀川の川筋を東南に変え、いまの賀茂川の流れになったというもの。もう一説は賀茂川扇状地の伏流水をあつめて発達した河川であり、出町《でまち》から上流の賀茂川は本来の流路であるという。その堀川は、大内裏の建築用材の運搬のための用水路となった。鉄分を含まない良質の水であったため、近世になると染色業者が、川畔に多く軒を連ねた。いま、北の部分は暗渠《あんきょ》になり、一条戻り橋から南は地表にあらわれるが、まるで排水路のようになってしまったが、最近、改修の工事がおこなわれている。

清滝川

変化に富む景観をみせる川で、北区の桟敷《さじき》ケ《が》岳《たけ》（標高八九六メートル）や飯森山（標高七九一メートル）に源流をもつ支流が合わさり、紅葉の美しい三《さん》尾《び》を流れ、愛宕山登山口の清滝では青葉若葉の新緑の佳景をみせる。名のごとく清々しい渓流で、保津川に合流する。

瀬見の小川

いまは下鴨神社の南域に自然林としてのこる糺《ただす》の森の東側を流れる細流のことを瀬見《せみ》（蟬）の小川というようだが、もともとは下鴨神社の祭神である賀茂建角身命《かもたけつぬみのみこと》が賀茂川を眺めて「狭くあれども、石川の清川《すみかわ》なり」といったことから「石川の瀬見の小川」と名づけられたという。本来は賀茂川の別称とみるべきであろう。賀茂建角身命の娘である玉依姫《たまよりひめ》が瀬見の小川を流れていた朱塗りの矢をひろい、寝所においていたところ、懐妊した。その子が賀茂別雷命《かもわけいかずちのみこと》で上賀茂神社の祭神となった。

公儀橋

鴨川に架かる三条大橋、四条大橋、五条大橋は三大大橋として交通量も多く、いずれも京都人にはなじみの深い橋である。

そのうち、三条大橋と五条大橋は欄干に擬宝珠《ぎぼし》をいただく公儀橋とされている。また、東海道の最終の通りである三条通の白川に架かる白川橋や三条小橋も江戸期には幕府の管理下にあり、同じく公儀橋であった。

三条大橋

三条大橋の擬宝珠

東海道五十三次の西の起点であり、西詰に里程元標の石標があり、『東海道中膝栗《とうかいどうちゅうひざくり》毛《げ》』の弥次喜多《やじきた》の小像が立つ。橋はすでに室町時代にあったが、豊臣秀吉により本格的な大橋に改修された。今日の橋は、一九五〇年（昭和二十五）造だが、鉄筋コンクリートの基礎を見せず、木造橋の風情をうまくとりいれている。

四条大橋

古くは一一四二年（永治二）に祇園会《ぎおんえ》の勧進募金によってはじめて架けられたといい、祇園社（八坂神社）の参詣客の道筋になり、祇園橋とも呼ばれた。

その後いくたびもの洪水により流失し、仮橋、浮橋の時代が長く、一八五六年（安政三）に再び、祇園社氏子たちの奉仕で石柱の板橋が架けられ、さらには一八七四年（明治七）、祇園花街の借金と京都府の補助により、鉄橋に造りかえた。

町人たちの富力による歴史をもつ橋である。

五条大橋

平安京の五条大路はいまの松原《まつばら》通にあたり、鴨川を渡る五条橋も、いまの松原橋になる。松原橋は清水寺の参詣路であった。

豊臣秀吉により六条坊門通が五条通と改められ、橋も新たに架けられた。現在は長さ六七メートル。国道一号線が通る最重要な橋となる。

となると、弁慶《べんけい》と牛若丸《うしわかまる》の出会いの伝説も松原橋のたもとということになる。

大橋・小橋

鴨川と高瀬川はほぼ並行して流れているため、川幅は極端に違うが、東に行くにも西に行くにもすぐふたつの橋を渡ることになる。

三条大橋、三条小橋というように、鴨川にかかる橋を大橋、高瀬川にかかる橋を小橋という。四条小橋などは雑踏にまぎれて渡ったことも印象に残らない。

広沢池

「広沢の　池の堤の　柳影　みどりも深く　春雨ぞ降る」（藤原為家）

池の背後の遍照寺山《へんしょうじさん》にかつて大伽藍を誇った遍照寺の開基寛朝《かんちょう》僧正が開削したとも、さらに古く秦《はた》氏が灌概用につくったともいわれる。池の周囲は約一・三キロ。とくに南側の約四〇〇メートルの遊歩道からの眺めがいい。平安時代から貴族たちの別業地として、また、花見や観月の名所として知られている。

今日でも嵯峨野の風景に欠くことのできない風趣な池である。

大沢池

大沢池の景観

嵯峨天皇が離宮の苑池として中国の洞庭湖《どうていこ》を模してつくらせた人工の池。そのため、庭湖《ていこ》ともいう。池をめぐる桜が美しく、秋には観月の夕べがいまも催される。八七六年（貞観十八）に開創された門跡寺院である大覚寺の境内に接している。

巨椋池

現在の宇治市から京都市伏見区、さらに久御山《くみやま》町に広がっていた巨大な池が巨椋池《おぐらいけ》で、池面には蓮が広がっていた。一九三三年（昭和八）からはじまった干拓事業により、広々とした田園風景に一変した。谷崎潤一郎の名作『蘆《あし》刈《かり》』にかつての巨椋池周辺の情景が描かれている。

祇園

四条大橋の北側を歩きながら東の正面を向くと、東山の緑と八坂神社の朱色の西楼門が見えてじつに鮮やかなけしきである。橋を渡り、南座を過ぎた四条通の南北一帯が、有名な花街・祇園となる。鎌倉時代より旧祇園社の門前町として栄え、参詣客相手の茶屋が並んだ。祇園新橋通の茶屋建築を眺め、白川沿いを歩くのもいい。もちろん一力《いちりき》の角を南に建仁寺までの花見小路やあたりの小路に迷い込むのも艶っぽい。舞妓の茶屋に急ぐ姿を見るのも京の風情としては出色である。

宮川町

鴨川の東、四条通と五条通のあいだの花街で、一七五一年（宝暦元）に遊里として認可された歴史をもつ。当時は男色を売る蔭間《かげま》茶屋が多かったという。

四月中旬に京おどりを開催する宮川町歌舞練場がこの花街の中心。

花見小路の茶屋街

木屋町

角倉了《すみのくらりょう》以《い》が開削した高瀬川の水運を利用する材木商がこの界隈に多かったことから木屋町の名がついた。

幕末においては、勤王の志士たちが潜伏した地で、佐久《さく》間《ま》象山《しょうざん》や大村益《おおむらます》次郎《じろう》が刺客に襲われ、その事跡を示す石標がある。

現在は飲食店が立ち並ぶ夜の街となる。

島原

江戸の吉原とともに幕府公認の遊廓であった。はじめは御所近くの柳町に、そして六条三筋町に移り、一六四〇年（寛永十七）、当時は田圃だったいまのＪＲ嵯峨野線丹波口駅近くに移された。

大門脇に当初の柳町にちなんで植えられた「出口の柳」と呼ばれる柳の木がいまも残っている。

いまは京都の花街の組合からは離れたが、揚屋《あげや》の角屋《すみや》、置屋《おきや》の輪違屋《わちがいや》の建物が現存し、往時の華やかさを伝える。輪違屋は、元禄年間（一六八八〜一七〇四）の創業という古い歴史を誇る置屋で、意匠を凝らした部屋で知られる。とくに、壁に紅葉をあしらった「紅葉の間」と道中傘の文様を大胆に用いた「傘の間」などが有名で、いまもお茶屋として営業中である。

島原の大門と出口の柳

先斗町

いくらなんでも、先斗町《ぽんとちょう》の「先」を「ぽん」とは読めないわけで、ポルトガル語のポント、もしくは英語のポイント、先（河の岸の先端）を意味することからの名という説が流布している。

鴨川と木屋町通のあいだの細い道にかつては茶屋、置屋が並ぶ風情のある小路であった。いまは古い家並と小さな飲食店のビルが渾然となっている。

「先斗町　袖すりあふも　春の夜の　他生の縁と　なつかしみつつ」は、『広辞苑』を編纂した新村出《しんむらいずる》の歌。

上七軒

北野天満宮を修造するさい、あまった建材で七軒の水茶屋を建てたことをはじまりとする、京都でも古く由緒ある花街で、通りの両側はまだ昔の面影がのこる。かつては西陣の機屋の旦那衆が主な顧客であった。

約2キロの遊歩道「哲学の道」

哲学の道

若王子《にゃくおうじ》神社から銀閣寺にいたる琵琶湖疏水に沿った小径をいう。哲学者西田幾多郎《にしだきたろう》らが思索しながら散策したことによる名といい、その姿をみた地元の人か、また三高生のだれかが命名したらしい。東山の山麓に沿って市中より少し高い位置を通るため、高燥な遊歩道となり、とくに桜並木が美しい。

維新の道

東山山系の山腹にある霊《りょう》山《ぜん》護国《ごこく》神社は勤王の志士を祀る官祭の招魂社《しょうこんしゃ》で、あわせて京都出身の戦没者（幕末から第二次世界大戦）も合祀されている。

境内の裏山には坂本竜馬、木戸孝允《たかよし》、中岡慎太郎、頼《より》三《み》樹《き》三郎《さぶろう》ら五百五十人の墓碑があり、その墓への道を通称、維新の道と呼んでいる。

鉾の辻

四条通と室町《むろまち》通の交差点を鉾《ほこ》の辻という。

中世以降、室町通は「糸偏《いとへん》」とよばれる繊維関係の大店が軒を並べ、祇園祭に参加する山鉾《やまほこ》の多い町筋であった。

祇園祭は七月十七日に山鉾巡行がおこなわれるが、この辻に立てば、東に函谷鉾《かんこぼこ》、長《なぎ》刀鉾《なたぼこ》、西に月鉾《つきほこ》、郭巨山《かっきょやま》、北に菊水鉾《きくすいぼこ》、さらに南には鶏《にわとり》鉾《ぼこ》がぐるりと見渡せる。

これらの鉾は、七月十日ころから釘をいっさい用いない縄結びだけで組み立てられ、約三日間で完成する。その手法は各鉾町に口伝される。

六道の辻

六道珍皇寺《ろくどうちんのうじ》付近は、京都の葬送地のひとつ、鳥辺野《とりべの》の端に位置するところから、現世と霊界の境とされ、小野篁《おののたかむら》がこの寺の井戸から冥府を往来した伝説がのこる。「愛宕の寺（珍皇寺のこと）もうら過ぎぬ、六道の辻とかや、げに恐ろしやこの道は、冥途に通ふなるものを」は謡曲「熊野」の一節。

比叡山

京都で川が鴨川なら山は叡《えい》山《ざん》といい、京都人にとってその存在がもっとも気になる山である。

最澄が入山し、堂宇を建て（一乗止観院）、そののち王城鎮護を祈念する延暦寺《えんりゃくじ》となった壮大な信仰の山である。

そのことはもとより、今日は比叡が見えているか、隠れているかと、つい東北方向に目をやって空模様としても京都人にとって比叡山は気になる山である。

東嶺を大比叡（大岳八四八メートル）、西嶺を四明岳（八三九メートル）という。

愛宕山

比叡山と対照するように、京都の北西にそびえる。比叡山よりわずかに高く標高約九二四メートルの山。古来、山岳信仰の修道者の行場であったが、今日では火除けの神様の山として知られる。七月三十一日の夜から八月一日の未明に愛宕《あたご》神社に登れば、千日のご利益があるとされる千日詣も有名。

東山三十六峰

北の比叡山から南端の稲荷山まで、山頂はしだいに低くなりながら三十六の峰が連なる。京都人はこれら東山の山懐に抱かれる地に居住することにむかしから憧れていた。

また、平安から中世にかけては貴人たちの別荘があり、近世、近代では、財をなした町人や経済人らが数奇を凝らした邸宅を建てた。東山を見上げ、四季それぞれの景色をうなずくように愛《め》でたのである。とくに、銀閣寺から南禅寺、さらに東福寺に至るあたりの寺と山の溶けあう景色がいい。

双ケ丘

西寿寺から双ケ丘を望む

御室《おむろ》の仁和寺の南にある双丘の山。くわしく見ると、北から一の岡、二の岡、三の岡と三峰がある。わずか標高一一六メートルで、『徒然草《つれづれぐさ》』を著した吉田兼好が二の岡の麓に住んでいた。京都市街には、吉田山とか、この双ケ丘、また船岡山など湖に浮かぶ小島のような山があって、それらが平面的な盆地にアクセントをつけている。

吉田山

京都大学のキャンパスが広がる東に、標高約一〇三メートルの孤立丘の吉田山がうっそうたる緑に囲まれた姿をみせている。

山麓に貞観年間（八五九〜七七）藤原氏が奈良の春日神を勧請した吉田神社が建つ。この神社の斎場所である大元宮に一度でも参詣すれば、全国の神に詣でたことになるという言い伝えがある。

なお、吉田神社でおこなわれる節分会の鬼やらい（追儺《ついな》式）には、多くの京都人が参集して、露店も数多くたいへんな賑わいをみせる。

船岡山

平安京を造営するさい、その基準となった山で、標高約一一二メートル、山名の由来はこの山のかたちが船を逆さに伏せたかたちに似ているためといわれている。

山頂に織田信長を祀った建《たけ》勲《いさお》神社（明治十三年に東京より遷座）があり、紫野や北野を見晴らす眺望がいい。なお、かつての大内裏はこの船岡山を背にしていた。

京に田舎あり

曼殊院へ向かう里の風景

平安京の造営以来、千二百年あまり、貴賤群衆で殷賑《いんしん》をきわめる京の都にも、少し足をのばせば、まだひなびた田園風景をのこす里がある、ということが転じて、評判のいいところもどこか欠点はあるものという俚諺として使われる。

都の都たるところ

朱雀大路《すざくおおじ》を中心に右京、左京に分けられたが、湿潤な右京の地は人も住まず荒廃して都は東へと発達した。そして鴨川を越え、東山の麓に名刹が建立され、人びとの多く蝟《い》集《しゅう》するところとなった。

一茶の句に、

「春雨や祇園清水東福寺」

とあるが、四条大橋を東へ越えて、円山公園から東山の麓を南行する途中には京都を代表する著名な寺社が集まる。まさにこれらの地が「都の都たるところ」といっていい。

八坂神社の舞殿

清水寺の本堂の檜皮葺

寺と社のキーワード

京都市には四〇六の神社と一六八一の仏教寺院がある（平成十九年四月一日現在、京都府宗教法人数調）。

それらは御所を中心に半径十二・五キロの円内にほぼかたまっている。地図上にその円をコンパスで引いて、寺社の配置をみて、おもしろいことに気がついた。

最澄が開創した比叡山「延暦寺」と空海が朝廷から賜って真言密教の道場とした「東寺」を直線でむすぶと、その線上に、銀閣寺（慈照寺）、平安神宮、四条大橋、東本願寺があらわれ、その線を延長すると、長岡京跡にぶつかる。

平安京遷都いぜんに堂宇が建てられたという「鞍馬寺」から真南に線をのばすと、これも遷都前の創建になる「下鴨神社」を通り、おなじく古社の「伏見稲荷大社」にいたる。

また古代の豪族である賀茂氏や渡来人の秦氏が創建にかかわった「上賀茂神社」と「松尾大社」と「伏見稲荷大社」をむすぶと、みごとな二等辺三角形ができあがる。四条通の東端が八坂神社で西端が松尾大社であることはよく知られている。

このようなわたしのひとり地図遊びはきりがない。

比叡山と愛宕山は東西ほぼ一直線で、その線は上賀茂神社の上空を通り、修学院離宮と桂離宮をむすべば、その線はちゃんと御所の真上を通過する。金閣と銀閣の真ん中が花の御所（室町殿）の跡地となる。

南都北嶺

平安京に都が遷《うつ》ってより、奈良の諸寺を南都《なんと》（とくに興福寺）、比叡山延暦寺を北嶺《ほくれい》という。

平安京の鬼門である東北にそびえる比叡山に、唐から帰った最澄は一宇を建て、のちに王城鎮護の寺、延暦寺《えんりゃくじ》に発展した。そして、天台密教は国家仏教として貴族や朝廷の支持を受けた。

以来、奈良の旧仏教と延暦寺の対立が深まっていった。京都では清水寺（北法相宗）が南都、祇園社（現八坂神社）が北嶺延暦寺の代行となり対立し、たびたび争いを生じた。

南都六宗

奈良時代に奈良の都に建てられた寺院で学ばれた三輪《さんろん》、法相《ほっそう》、華厳《けごん》、律《りつ》、成実《じょうじつ》、倶舎《くしゃ》を南都六宗という。

宗派として今日、華厳宗、律宗、法相宗がある。また、南都七大寺は、東大寺、興福寺、元興寺《がんごうじ》、大安寺《だいあんじ》、薬師寺、西大寺、法隆寺をいう。

東大寺大仏殿

天台宗

最澄（伝教大師）が八〇四年（延暦二十三）に入唐して、すでに鑑真によってもたらされていた天台宗の奥義を学び、翌年に帰国。桓武天皇の後援により、南都六宗に並ぶ国家公認の新仏教となる。最澄は比叡山に延暦寺において、天台・密教・禅・戒律を包含する日本天台宗の普及に精力的に活動した。

最澄の死後、密教化した天台宗は、空海の真言宗を「東《とう》密《みつ》」というのに対して「台《だい》密《みつ》」と呼ばれ、のち円仁《えんにん》の山門派と円珍《えんちん》の寺門派（園城《おんじょう》寺《じ》）に分かれることになる。

京都の著名な寺院では、三千院、妙法院、青蓮院《しょうれんいん》、曼殊《まんしゅ》院《いん》、毘沙門堂、実相院などが天台宗に属する門跡寺院として寺格を誇っている。

真言宗

最澄とおなじ年に入唐した空海（弘法大師）は当時中国の密教の第一人者恵果《えか》から伝《でん》法《ぼう》灌頂《かんじょう》を受け、帰国後、高野山に金剛峯寺《こんごうぶじ》を建て、さらに朝廷より東寺を賜って（八二三年のこと）、真言密教の道場とした。

本尊は、永遠なる宇宙仏という大日如来で、また、即身成仏の達成者として開祖の弘法大師への「お大師さま」信仰がある。

真言宗には分派が多く、京都では智山派の智積院《ちしゃくいん》、御室派の仁和寺《にんなじ》、醍醐派の醍醐寺、大覚寺派の大覚寺、山階派の勧修寺《かじゅうじ》、泉涌寺派の泉《せん》涌寺《にゅうじ》、それに真言宗東寺派および東寺真言宗の教王護《きょうおうご》国寺《こくじ》（東寺）が知られている。

浄土宗

奈良平安時代の仏教は国家や貴族のためのもので、難解な解釈や戒律があって、一般庶民には遠い存在であった。

浄土宗の宗祖法然《ほうねん》（一一三三～一二一二）は、はじめ比叡山延暦寺で学んだが、その仏教のあり方に疑問を感じて黒谷の叡空《えいくう》に師事し、四十三歳のとき「南無阿弥陀仏」を唱えることにより、だれもが救われるという浄土宗を開いた。

総本山は知恩院、また金戒光《こんかいこう》明寺《みょうじ》、百万遍《ひゃくまんべん》の知恩寺、御所の東に建つ清浄華院《しょうじょうけいん》をあわせて四カ本山という。ほかに、著名な浄土宗の寺は、光明寺（長岡市）、禅林寺（永観堂）、新京極通に建つ誓願寺などを数える。

誓願寺

時宗

時宗《じしゅう》を興した一遍《いっぺん》（一二三九～八九）は、たった一遍の念仏を唱えるだけで極楽往生できると説き、現世の苦しみを踊り念仏で解消させる教化方式をひろめた。

一遍は別名「遊行《ゆぎょう》上人」といわれるほど全国各地をまわり、時宗の布教につとめた。

総本山は藤沢市の清浄光寺（遊行寺）であり、京都で知られる寺は、円山公園の東に位置する長楽寺や安養寺、また霊山護国神社の南に建つ正法寺などがある。それらはいずれも国阿《こくあ》上人により中興、時宗に改宗された寺である。

浄土真宗

浄土真宗はたんに真宗とか、歴史的には一向宗ともいわれ、信徒は門徒という。

九歳で比叡山にのぼり学問と修行に専心した親鸞《しんらん》（一一七三～一二六二）は、やはり国家仏教への疑問をたちがたく、二十九歳のとき、叡山から市中の六角堂に百日間通い、夢告により浄土宗の宗祖、法然の弟子となった。一二一〇七年（承元元）法然とともに親鸞も越後に流罪になるが、のちに許され、関東を中心に「他力本願」の布教活動をおこなった。晩年は京都にもどり、自らの思想を著した『教《きょう》行信証《ぎょうしんしょう》』の執筆に専念した。

六十三歳で帰洛して再び住んだところが、「親鸞屋敷」と呼ばれていた岡崎別院である。

京都におけるおもな真宗の寺院は、本願寺派の西本願寺、大谷派の東本願寺が双璧で、ほかに興正派の興正寺《こうしょうじ》、仏光寺派の仏光寺《ぶっこうじ》が知られている。

日蓮宗

本法寺の諸堂

法華宗ともいい、宗祖は日《にち》蓮《れん》（一二二二〜八二）だが、京都においては晩年の弟子日《にち》像《ぞう》が一二九四年（永仁二）以降、教線を広げた。

現世利益を原理とする「法華経」をあらゆる経典のなかで最上位とするため、下京の商家や町衆たちの支持をおおいに得たのである。

日蓮宗洛中二十一ヶ寺本山が建てられ、妙顕寺、妙伝寺、妙覚寺、頂妙寺、本満寺、本《ほん》圀《こく》寺、妙満寺、本能寺、本法寺などが知られる。

しかし、あまりに強大な勢力となり、京都の支持者たちは幕府と対立して、さらに一五三二年（天文元）法華一揆をおこし一向一揆と争い山科本願寺を焼き払った。そののち延暦寺と反目して戦いになり、天文法華の乱（一五三六年）で市中すべての日蓮宗寺院は追放された（一五四二年に帰洛）。

臨済宗

二度宋に渡り、臨済《りんざい》禅の教えを受けた栄西《ようさい》（えいさいともいう。一一四一〜一二一五）が、京都において建仁寺を開き、当初は比叡山の圧力から天台、真言、禅の三宗兼学としたが、のちに臨済禅宗の教線を拡大した。天皇や公家からの信仰を得ると同時に、あらたな時代を形成した武家社会からとくにあつい帰依を受けた。

京都にほかの禅宗寺院は少なく、臨済宗の十四派のうち七派の大本山がある。それらは、建仁寺（創建一二〇二年）、東福寺（一二三六年）、南禅寺（一二九一年）、大徳寺（一三一五年）、妙心寺（一三三七年）、天龍寺（一三四五年）、相国寺（一三八二年）である。各寺院から名僧もおおぜい輩出し、とくに知られているのは夢《む》窓疎石《そうそせき》、宗峰妙超《しゅうほうみょうちょう》、一休宗《そう》純《じゅん》、沢庵宗彭《たくあんそうたく》など。

黄檗宗

明僧の隠元《いんげん》（一五九二〜一六七三）は鎖国中の日本で唯一開かれていた長崎に六十三歳のときにまねかれ、徳川将軍家からの帰依を得た。黄檗《おうばく》宗というのは、臨済禅の教えであるが、隠元は中国の黄檗山万福寺の僧であったことにより、黄檗宗を名のり、一派として独立した。宇治の万福寺は、明代の仏教建築と十三世まで中国僧を住持としたことにより、いまもほかの禅宗寺院とは趣がおおいに異なる。

このほかの黄檗宗の寺は京都では伊藤若冲《じゃくちゅう》の墓がある石峰寺《せきほうじ》（伏見区）、同区の海《かい》宝寺《ほうじ》、苔寺の南に位置する浄住寺（西京区）など寺院の数は少ない。

曹洞宗

宇治の興聖寺の竜宮門

臨済宗が師から弟子に「公《こう》案《あん》」を与えて思索させることから「公案禅」というのに対して、曹洞《そうとう》宗の教えは「只管《しかん》打坐《たざ》」といって、ひたすら座禅に打ちこむことを求めている。

宗祖道元《どうげん》（一二〇〇〜五三）は、京都の久我《こが》家に生まれ、はじめは比叡山で修行した。その後、栄西の弟子明全に師事し、ともに宋に渡り、中国各地の禅僧から学んだ。

帰国後の一二三三年（天福元）深草に興聖寺《こうしょうじ》を建て、根本道場としたが、禅宗の教義に反対する叡山の迫害を受け、越前永平寺へ移った。

いま宇治に江戸初期再興の興聖寺が宇治川の右岸に建っている。参道の琴坂と緑の山を背景にする伽藍が美しい。

その他の曹洞宗の寺は、寺町通の天寧寺《てんねいじ》、鷹峯の源光庵、東山の詩仙堂などで、伏見区の誕生寺は道元の生誕地に建てられた。

京都五山

京都五山は、臨済宗における寺格として、室町時代に幕府によって確立したもので、当初は鎌倉と京都の寺をあわせてランクされていたが、一三八六年（至徳三）それぞれに分け、京都五山は、南禅寺を「天下五山之上」とし、第一位天龍寺、第二位相国寺、第三位建仁寺、第四位東福寺、第五位万寿寺（いまは東福寺塔頭）であった。足利義満は、自らが建てた相国寺を上位にする。

これら五山からは名僧が出て、とくに漢詩文にすぐれた五山文学を生んだ。

禅宗伽藍

禅宗の大本山は、勅使《ちょくし》門、放生《ほうじょう》池、山門、法堂《はっとう》（仏殿）、方丈が南北に直線上に並ぶ。その左右には、山内塔頭《たっちゅう》を配し、ダイナミックな境内の景観をみせている。たとえば建仁寺、東福寺、妙心寺などを訪れれば、空の領域をせまくするほどの甍《いらか》が奥につづいているようすがわかる。

妙心寺の伽藍

禅づら

京都の禅宗は圧倒的に臨済禅の寺院が多く、七つの本山が市中に大伽藍をもつ。その臨済宗の大禅刹の個性を、その面《かお》として皮肉って世に喧伝されたものを「禅づら」という。

建仁寺は「学問づら」。大徳寺は「茶づら」。東福寺は「伽藍づら」。妙心寺は「そろばんづら」。相国寺は「声明づら」という。

弘法さん

弘法《こうぼう》さんには三つの意味がある。空海こと弘法大師を尊称し、かつ親しみを込めて呼ぶことと、また、空海が真言密教の道場とした東寺をさす場合と、さらにその東寺で毎月二十一日（空海の忌日）に奉修される御影供《みえいく》にあわせて催される露店市を称する場合がある。

天神さん

弘法さんと同じように、「天神さん」とは北野天満宮そのものをいう場合と、菅原道真の誕生日と忌日が二十五日のため、毎月二十五日に縁日となり、それを天神《てんじん》さんの日という。ここも多くの露店が出て、参詣と掘り出しものを探す客で賑わう。

正月が初弘法、初天神。十二月が終弘法《しまい》、終天神となる。

ふだんは静かな「天神さん」の境内

お西さん・お東さん

お西《にし》さんは西本願寺、お東《ひがし》さんは東本願寺のこと。本願寺は親鸞の末娘の覚信尼《かくしんに》が東山に廟堂を建立したことにはじまるが、第十一世顕如《けんにょ》の死後に内紛が起き、一六〇二年（慶長七）に徳川家康が教如《きょうにょ》に寺地を与え、東本願寺が創建されて東西に分かれた。


京都の人は天皇も「天皇さん」、寺社にも「さん」をつけて親しみを込めている。

と思われるが、じつはそれほど単純ではないようで、「さん」とか「はん」と呼ぶのは、裏返せば京の町人の同等意識で、京都出身の科学者や絵画の巨匠たちでさえ、彼らは「何々はん」といかにも親しげに呼ぶ。

八坂さん

八坂さんは、八坂神社のことで「祇園さん」ともいう。また、同等意識というのもおかしいが、油揚げも「お揚げさん」、豆も「お豆さん」と、とにかく「さん」をつける。

建仁寺さん

もちろん正式には「けんにんじ」と読むが、とくに祇園町の人たちは「けんねじさん」と呼ぶ。花見小路の南端に位置する。

祇園町南側（四条通南）もむかしは建仁寺の寺域であった。開祖は日本臨済宗の祖であり、日本に初めて茶をもたらして『喫茶養生記』を著した栄西である。その寺名となった建仁二年（一二〇二）に創建された京都でもっとも古い禅刹である。

四月二十日には、古式にのっとった四《よ》つ頭《がしら》茶礼《ちゃれい》がおこなわれる。

お稲荷さん

この「お稲荷《いなり》さん」ということばは京都だけでなく全国共通となっている。全国四万社におよぶという稲荷神社の総本社、伏見稲荷大社のこと。初詣、初午祭《はつうまさい》、火焚祭《ひたきさい》には大勢の参詣客が訪れる。

また、「お山めぐり」がよく知られる。

これは、伏見稲荷大社の背後に立つ稲荷山（標高は一ノ峰で約二三三メートル）には、俗に千本鳥居という鮮やかな朱塗の鳥居が林立し、また小祠や石碑、塚が多く、これらを巡拝することをお山めぐり、または、お塚めぐりという。

門跡寺院

宇多天皇が出家して仁和寺に入山して、御門跡《ごもんぜき》と呼ばれたのをはじめとし、皇子や皇女が出家して住持した寺を門跡寺院という。親王の場合は宮門跡、皇女は尼門跡、ほか摂家門跡などがある。築地塀に筋線が入る筋塀《すじべい》が用いられる。たとえば、青蓮院、妙法院、三千院、曼殊院、大覚寺、実相院などがある。

塔頭

臨済宗の各大本山の境内にある子院を塔頭《たっちゅう》（塔中・塔所）と呼ぶ。もとは高僧の墓所に建てられた塔をいい、それを守る寺を塔頭といった。

紫野の大徳寺では、現在二十四寺、花園の妙心寺では四十寺以上の山内塔頭をもつ。しかし、現在では宗派を問わず大寺の山内子院も塔頭といいあらわしている。

塔所を示す石碑

方丈

禅宗寺院の住職（長老）の居室のことを方丈《ほうじょう》という。しかし、たんなる住まいではなく、住持としての役目をつとめる事務所であり、接見の場でもある。天竺《てんじく》の維摩居士《ゆいまこじ》の居室が一丈（約三メートル）四方であったことからの名。だが、大きな寺においては豪壮な建築となり、寺院伽藍で重要な位置を占める。

庫裏

庫裏《くり》は庫裡とも書き、寺の台所を意味していたが、のちに住職とその家族の居所となった。南禅寺や天龍寺、龍安寺などではいま拝観の受付所がおかれている。大屋根の妻側の下に白壁とそれを区切る黒い木組を前面にみせて、大寺の風格をあらわしている。

高台寺の庫裏

垣根

寺の多い京都は塀と垣根の多い街である。寺の名のついた意匠性の豊かな垣根の代表は、たとえば、銀閣寺垣、建仁寺垣、光悦垣といくつか数えることができる。また、桂離宮では穂垣のほかに桂垣（笹垣）があり、参観する前にぜひ見ておきたい。

桂離宮の桂垣

築地塀

土塀の上部に瓦屋根を乗せた分厚い塀を「築地《ついじ》」とか「築地塀」という。もっとも広大な築地塀は、京都御所の四辺をとりまくもので、ほかに門跡寺院をあらわす白い横線を五本入れた「筋塀」は、仁和寺や大覚寺のものが堂々としている。

檜皮葺

檜の樹皮を薄く裂いて、それを幾層にも重ね合せて屋根を葺いたものを檜皮葺《ひわだぶき》といい、柔らかな曲線が美しい。京都では社寺の屋根に多く用いられ、たとえば、宇治上神社、伏見稲荷大社などに見事なものがのこるが、なんといっても京都御所の紫宸殿の宏壮な檜皮葺の屋根がすばらしい。

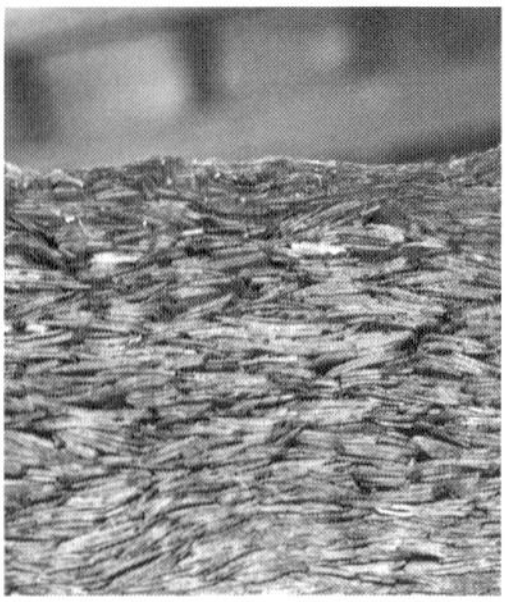
檜皮葺の様子

柿葺

柿《こけら》とは、木材を削るときにできる木の細片のことで、あわせて細長く削った木材のことをいう。

そのような細長く（長さ約三〇センチ）薄い（厚さ三ミリほど）板材を重ね、屋根を葺いたものを柿葺とも木羽板《こばいた》葺ともいう。

檜皮葺とともに寺社の屋根に用いられ、スギ材が主流となる。

南禅寺の大方丈、西本願寺の三層柿葺の飛雲閣、また金閣寺の二層、三層部分の屋根は椹《さわら》の薄い板を重ねた柿葺として知られている。

蟇股

寺社建築によくみられるもので、二本の水平な材のあいだにあって、上の荷重を支える役割を果たしている。その形は蛙が股を開いているようにみえるので、この名がある。平安後期から蟇股《かえるまた》に意匠をこらすようになり、草花文様や動物文様が彫られ、顔料で彩色されて華麗なしつらえになっている。

蔀戸

蔀戸《しとみど》は平安時代の寝殿造にみられる建具の一種。

板の両面に格子組を張った戸で、陽をさえぎり、風雨を防ぐ。一枚で内側に釣り上げるものや、二枚に分かれていて上半分を外側に釣り上げ、下半分は取り外しがきく半《は》蔀《じとみ》などがある。

「源氏物語絵巻」にもその様子がみられる。京都の寺の外廊下を歩くと、釣蔀《つりじとみ》の部分が天井となっているのに気づかれよう。その様子がよくわかるのは、清水寺の本堂のまわりで、胡粉《ごふん》を塗った蔀戸が頭の上にある。

砂盛

神社の拝殿前などに円錐形に盛り上げた白砂があり、頂に御幣《ごへい》をさして清々しいものである。上賀茂神社などにみられる。砂を用いた名庭では、段形にした銀沙灘《ぎんしゃだん》と円錐形の向月台《こうげつだい》を庭園にもつ銀閣寺が有名で、また、法然院の山門をくぐるとすぐに姿をみせる二つの「白沙段《はくしゃだん》」も美しい。

銀閣寺の銀沙灘と向月台（奥）

鶯張り

寺の外回廊などを歩いていると、鶯の鳴き声に似た妙《たえ》なる音を発することがある。これを鶯張《うぐいすば》りの廊下という。これは、床板の上から釘を打つと見苦しいため、床板の下の根太に目《め》鎹《かすがい》を固定することによって床板を止めるという工法を用いるため、上から踏む力が加わると、床板と目鎹が擦れ合って、いい具合に音を出すのである。侵入者を察知する細工といわれ、大きな寺の本堂や方丈の廊下に用いられ、知恩院の渡り廊下が有名。また二条城の二の丸御殿の廊下などにも施されている。

金閣

足利義満《よしみつ》（三代将軍）は出家後の別荘として一三九七年（応永四）に西園寺《さいおんじ》家の山荘があった地を手に入れた。隠棲所とはいうものの華麗な殿楼を配した北山殿を建設、義満の死後、遺命により禅刹とあらため義満の法号により「鹿苑寺《ろくおんじ》」と名付けられた。

金閣はその伽藍のひとつである舎利殿で、鏡湖池《きょうこち》に浮かぶように建つ三層の楼閣。初層（法水院《ほうすいいん》）は平安期の寝殿造、二層（潮音洞《ちょうおんどう》）は鎌倉期の武家造の住宅風な様式で、三層（究竟頂《くっきょうちょう》）禅宗様の仏堂となる。

金箔で輝く初層と二層の間に軒はなく全体を軽快にみせ、宝形造の屋根の上に金堂の鳳凰をおく。

応仁の乱でも焼けずにのこったが、一九五〇年（昭和二十五年）放火により焼失、一九五五年に再建された。さらに一九八六年から原初の姿にもどすべく大修理がおこなわれた。

銀閣

足利義政《よしまさ》（八代将軍）が隠居所として一四八二年（文明十四）東山の月待山山麓に造営した東山殿を義政の没後、慈照寺《じしょうじ》という禅寺にした。その観音堂をのちに銀閣と呼ぶようになった。金閣とともに夢窓疎石《むそうそせき》を追請開山とし、臨済宗相国寺派に属する。

銀閣寺の庭園はやはり夢窓疎石が作庭した西芳寺（苔寺）を手本として造られ、庭池を中心にした池泉回遊式で、向月台と銀沙灘の砂の造形で知られる。銀閣は下層（心空《しんくう》殿《でん》）を書院造風、上層（潮音《ちょうおん》閣《かく》）は禅宗様の仏堂となる。名のように銀箔を貼った形跡はない。

飛雲閣

異彩を放つ金閣の姿

銀閣、金閣とともに西本願寺の飛雲閣《ひうんかく》を「洛陽三閣」という。飛雲閣は三層の殿閣で、初層は入母屋造、中層は寄棟造、上層は宝形造となっている。一六一八年（元和四）聚楽第から西本願寺に移し、そのさい、滴翠園《てきすいえん》という庭園を造った。

京都三大門

知恩院の三門、南禅寺の三門、そして東本願寺の御影堂門（大師堂門）を京都三大門という。寺院の正面の門はふつう山門というが、禅宗においては、一つの門でも空《くう》、無相《むそう》、無作《むさ》と私心を捨てた三《さん》解脱門《げだつもん》の三つの門があるとして、三門と書く。

南禅寺の三門から「絶景かな」の眺め

金毛閣

大徳寺の三門は金毛閣《きんもうかく》という。金毛とは金の毛の獅子のこと。朱塗りの雄壮な楼門である。

これは千利休が施主となって一五八九年（天正十七）に、それまでの単層門から二重楼門に改築したものである。

そして、雪駄《せった》ばきの自分の木像を楼上に置いた。これが豊臣秀吉の怒りをかい、利休切腹の原因のひとつといわれている。

利休の脚下を秀吉も大名も通らざるを得ないからだ。これこそ利休の慢心であるとされたのだ。

絶景かな

並木五瓶《ごへい》が戯曲を書いて、一七七八年（安永七）に大坂で初演された歌舞伎「金門《きんもん》五三桐《ごさんのきり》」の一幕、「楼門《ろうもん》五三《ごさんの》桐《きり》」で、大盗賊石川五右衛門が南禅寺三門の楼上でまわりのけしきにみとれ、「絶景かな」という科白を繰り返す。いまでもしばしば上演される。

南禅寺三門の脇の山廊《さんろう》から堅固な木組の急階段をのぼると、四方を見晴らす楼上の回廊に出る（有料）。西に京都の街を望み、東には間近にみる東山の緑が、たしかに絶景である。

清水の舞台

京都市街を見晴らす清水の舞台

崖に迫り出した清水寺《きよみずでら》の本堂は懸崖《けんがい》造で、その広い舞台を「清水の舞台」と呼ぶ。高さは約一三メートル。京都の街の眺望がすばらしい。思い切って事をおこなうたとえで、「清水の舞台」から飛び降りたつもりで、という。

三鐘

梵鐘《ぼんしょう》のすぐれたものを三つあげる。勢いは東大寺、形は平等院、音は園城寺とするが、神護寺の「三絶《さんぜつ》の鐘銘《しょうめい》」と黄鐘調《おうしきちょう》で名高い妙心寺の鐘と、平等院の鐘で天下の三鐘とすることもある。「三絶の鐘銘」とは平安期の文人たちが、神護寺の梵鐘に序を橘広《ひろ》相《み》が記し、銘を菅原是善《これよし》が選し、藤原敏行《としゆき》が書したため、その名がつたわる。

糺の森

賀茂川と高野川の合流点の北から、下鴨《しもがも》神社の社殿まで、洛中ではめずらしい奥深い白然林の社叢《しゃそう》がのこされて、歩くことの心地よさを再発見させてくれる。糺《ただす》の森という（「偽りを糺す」の意味）。

かつては両河川の河岸まで広がって、約一五〇万坪あったというが、いまは三万六〇〇〇坪にせばまっている。といっても緑陰を求め、雑木紅葉を楽しみ、また、うっすらと雪の積もった景色もまことに得がたく、細い川の流れとあわせて、四季それぞれに佳景をみせてくれる。

門徒

もともとは、門下、門人、または末寺の僧侶のことをいったが、浄土真宗で、在俗の信者のことを門徒《もんと》衆といい、浄土真宗そのものを俗に門徒宗とか門徒と略称する場合にもいう。本願寺派が約六九〇万人、大谷派が約五五〇万人の門徒（信者）を数える。

東本願寺

寺社の俗称

八坂神社を「八坂さん・祇園さん」といったり、北野天満宮を「北野さん」、清水寺を「清水さん」と呼んだりするのは、通称というか略称であるが、西芳寺《さいほうじ》を「苔寺」、鹿苑寺《ろくおんじ》を「金閣寺」、慈照寺《じしょうじ》を「銀閣寺」、さらに禅林寺《ぜんりんじ》を「永観堂」、蓮華王院《れんげおういん》を「三十三間堂」と呼ぶのはいわば俗称であるが、もっぱらそのほうが通用する。

ここからしばらく、京都人に親しまれているそんな植物名や個人名、地名に由来する俗称をもつ寺院を紹介していくことにする。

花の寺

西京区の「勝持寺《しょうじじ》」は、西行ゆかりの桜（西行はこの寺で出家得度したという）など、境内の桜が見事でこの名がある。

勝持寺は役行者《えんのぎょうじゃ》が天武天皇の命により創建（六八〇年）という説と最澄が薬師如来像を安置して天台道場を開いた（七九一年）のがはじまりという説がある。

約四百本という桜のほか、寒い時期の椿や秋の紅葉の彩りもよい。

また、宇治の三室戸寺も境内が花でうめつくされて「花の寺」と呼ばれることがある。

椿寺

北区大将軍にある「地蔵院」は、文禄の役で朝鮮に出兵した加藤清正が、彼の地から椿を持ち帰り、それが当寺に移植された。いまの椿は二代目だが、その由来から椿寺と称される。

五色八重の散椿は、花びらがひとひらごとに散る様子がめずらしく、速水御舟《はやみぎょしゅう》の名作「名樹散椿」のモデルは初代の椿樹という。

苔寺

西芳寺こと苔寺の庭

西京区の臨済宗の寺、「西芳寺《さいほうじ》」のこと。創建は聖徳太子の別荘が寺になったとか、行基《ぎょうき》が天平年間（七二九〜四九）に建てたとか、はっきりしない。

夢窓疎石の作庭になる池泉回遊式と枯山水の上下二段の庭園があり、下の庭園は百種以上という緑苔が庭一面をびっしりと埋めている。木漏れ日に濃淡をみせる苔の美しさは比類がない。

現在は訪れるためには事前の申し込み制となり、周辺への配慮と庭の苔の保護につとめている。

蓮の寺

ＪＲ花園駅近くの「法金剛院《ほうこんごういん》」は、平安時代末期に後白河、崇徳両天皇の生母である待賢門院《たいけんもんいん》が復興した寺で、池泉回遊式の庭をもち、その苑池は初夏から蓮の花で水面がみえないほどになる。世界中の蓮が集められている。

竹の寺

西京区の「地蔵院」（臨済宗）は、苔寺の南にあって、参道や境内の竹林が美しく竹の寺と美称されている。

一三六七年（貞治六）に室町幕府の管領細川頼之《よりゆき》が創建した。後小松天皇のご落胤である禅僧一休宗純はこの寺で幼児期を過ごしたという。方丈の前庭「十六羅漢の庭」も静境である。

和泉式部寺

新京極通のなかほどにある小さな寺で「誠心院」という。真言宗泉涌寺派に属す。

恋多き歌人として知られる和泉式部は晩年・尼僧となり、一条天皇の中宮藤原彰子が建てた東北院内に小庵を与えられる。

その小庵が転々として、現在地に移った。和泉式部の墓といわれる立派な宝篋印塔が当寺の北側境内に立っている。

また、おなじ新京極通に「蛸薬師《たこやくし》」として親しまれる妙心寺や菅原道真《すがわらのみちざね》を祀る「錦天満宮」がある。

小町寺

左京区静市《しずいち》の「補陀落寺《ふだらくじ》」（天台宗）の俗称で、小野小町が晩年を当地で過ごしたとも、また墓所であるともいわれ、本堂には、いたましい小野小町老衰像を安置する。

当寺は、静原にあった清原深養父《ふかやぶ》（清少納言の曽祖父）の別荘を補陀洛寺という寺にして、いまの寺が中世にその名を継いだと伝わる。

小町老衰像

永観堂

正しくは「禅林寺」といい、浄土宗西山《せいざん》禅林寺派の総本山である。

七世住持の永観《えいかん》（ようかんともいう）が早朝の念仏を唱えながら、堂内をめぐっている（行道《ぎょうどう》）と、本尊の阿弥陀如来が壇上からおりてこられ、永観の前を歩きはじめた。呆然として立ちどまっていると、阿弥陀如来は見返りして「永観遅し」と声をかけたという。

この「見返り阿弥陀」像が有名となり、また中興の祖となった永観の名から永観堂の俗称がうまれた。いまやこちらの名でなければ通用しないほどになっている。

「秋はもみじの永観堂」というが、白川通をはさんで西に位置する「真如堂」もおなじキャッチフレーズで紹介される。正しくは「真正極楽寺」という天台宗の寺。

深草の元政庵

元政庵

元政《げんせい》上人（一六二三〜六八）は俗名を石井吉兵衛という彦根藩の武士であったが、病弱のため日蓮宗の僧になった。学識にすぐれて、詩仙堂を建てた石川丈山や俳人の松永貞徳と交流した。

孝心で清貧にあまんじ、その人徳は水戸黄門を感動させたという。

ＪＲ奈良線の線路をはさんで西側にある墓も三本の竹を立てただけの質素なもの。その元政上人の庵が、「瑞光寺」という茅葺の本堂がひなびて境内も静かな寺で、伏見区深草にある。

一休寺

異才な禅僧として知られる一休宗純が、その師南浦《なんぽ》紹《じょう》明《みょう》の建てた妙勝禅寺《みょうしょうぜんじ》の跡地に草庵を設け（一四五六年）、師の恩に酬《むく》いるという意味で「酬恩庵《しゅうおんあん》」と名づけたのがはじまり。当地の地名から「薪《たきぎ》の一休寺」と通称する。一休は応仁の乱を避け、大徳寺の住持になってもここから動かず晩年を過ごした。ゆるやかな上り坂の参道、境内の様子、諸堂と庭園、いずれも禅宗の名刹の名にふさわしい佇まいである。なお、一休は後小松天皇のご落胤といわれ、寺内に廟所がある。

黒谷

黒谷とは、岡崎地区東北部の丘陵地の地名でもあるが、「黒谷さん」といえば、「金戒《こんかい》光明寺《こうみょうじ》」の別称である。

平安末期に比叡山西塔の黒谷で修行した法然（当時の名は源空。一一三三～一二一二）が、四十三歳のとき専修念仏に新しい仏教の姿をみて、この地に草庵を結んだため、新黒谷と呼ばれ、やがて新がとれて、黒谷となった。

百万遍

百万遍知恩寺

東大路通と今出川通の交差点周辺を百万遍《ひゃくまんべん》と称するが、これは百万遍と呼ばれた「知恩寺」からの名である。

この交差点の北東にある知恩寺は、後醍醐天皇の勅命により、市中の疫病封じのため、八世住持の善阿《ぜんあ》が七日間におよび百万遍念仏をおこなったため、この名がついた。

岩屋不動

山岳信仰の岩屋不動

北区雲ケ畑の山奥に役行者《えんのぎょうじゃ》が六五〇年（白雉元）に創建したとされ、のちに空海が自作の不動明王を本尊として祀り、再建。岩屋山の名とあわせ岩屋不動と称するが、正式には真言宗の「金光峰寺志明院《しみょういん》」という修験道の行場である。一本道がとぎれたところから山崖の境内がはじまり、乱積の急峻な石段を登って諸堂を拝する山岳信仰の寺である。

因幡薬師

「平等寺《びょうどうじ》」という真言宗智山派の寺で、本尊の木像薬師如来像は、嵯峨釈迦堂（清凉寺）の釈迦如来像、信州善光寺の阿弥陀如来像とともに「日本三如来」として数えられている。

因幡《いなば》の国司であった橘行平《たちばなのゆきひら》は京に帰る途中、因幡の海に一体の薬師如来像が浮かんでいるのをみつけ、そこに仮堂を建てて安置した。そののち薬師如来は京都の行平の邸に飛来したという（一〇〇三年）。この霊験談が評判になり、天皇から庶民までの信仰をあつめた。

日野薬師

伏見区の日野の地にあることから「法界寺《ほうかいじ》」は日野薬師、また、最澄作と伝わる創建時の本尊（薬師像）が現在の薬師如来像（秘仏）の胎内におさまることから、子を宿す女性たちの信仰をあつめ、「乳薬師」とも呼ばれる。

日野資業《すけなり》が一〇五一年（永承六）に創建。のちに醍醐寺三宝院の所属となって、いま真言宗醍醐派の別格本山である。

阿弥陀堂と、そこに安置されている定朝《じょうちょう》作の阿弥陀如来坐像はいずれも国宝として貴重なものである。

松ヶ崎大黒天

うしろの山の緑が境内にせまっている「妙円寺」は左京区の松ヶ崎にあり、本尊を最澄作、日蓮の開眼とする大黒天であることから、松ヶ崎大黒天として親しまれている。都七福神まいりの第一番札所で、一六一六年（元和二）日蓮宗の日英の隠居寺として創建された。

松ヶ崎大黒天

嵯峨の釈迦堂

右京区嵯峨の「清涼寺《せいりょうじ》」のこと。古くこの地には、嵯峨天皇の皇子で、一説には光源氏のモデルといわれる源融《みなもとのとおる》の山荘「棲霞観《せいかかん》」があった。融の没後、阿弥陀堂を建てて寺とした。九四五年（天慶八）醍醐天皇の皇子重明親王が新堂を建立して釈迦像を安置したこと、また、東大寺にいた奝《ちょう》然《ねん》上人が、天竺・唐・日本三国の釈迦像を安置したことにより、地元ではこの名称で呼ばれている。

　京都三大念仏狂言のひとつ「嵯峨大念仏狂言」が四月の第一土日と第三日曜日におこなわれ、また京都三大火祭のひとつ「嵯峨のお松明」が三月十五日の夜に、春の到来をつげる行事として催される。なお、「嵯峨の虚空蔵」と俗称されるのは、嵐山の法輪寺のことである。

嵯峨の釈迦堂こと清涼寺

嵯峨御所

嵯峨天皇の離宮を八七六年（貞観十八）に皇女で淳和天皇の皇后である正子が寺として創建した大覚寺は、正しく「旧嵯峨御所大覚寺門跡」という。第一代の住職が淳和天皇の第二子恒良親王であり、後嵯峨上皇、亀山上皇、後宇多上皇などが入山して、門跡寺院の最上位の寺となった。

千本釈迦堂

「千本釈迦堂」とは千本今出川の北西に位置する「大報恩《だいほうおん》寺《じ》」の俗称。一二二一年（承久三）義空が創建、そののち、倶舎、天台、真言の三宗兼学の道場として発展した。

応仁の乱で市中の寺院はことごとく焼失するが、大報恩寺の本堂（国宝）だけは奇跡的にのこった。

二月二日、三日の「おかめ節分会」と十二月七日、八日の「大根焚き」には多くの参拝客があつまる。

なお、「千本閻魔堂」とは、やはり千本通に面した「引《いん》接寺《じょうじ》」のこと。

西陣聖天

西陣聖天（雨宝院）

西陣焼け（一七三〇年）でも天明の大火（一七八八年）でも焼け残って「不焼寺《やけずのてら》」と俗称される日蓮宗の「本隆寺」の北側に、「雨宝院《うほういん》」が小さな境内に建っている。嵯峨天皇の病気平癒を祈願して空海が大聖歓喜天像を彫り、そのことにより天皇の病は癒えた。

そこで嵯峨天皇はみずからの別荘を空海にあたえ、大聖歓喜寺とした。

この寺は応仁の乱で荒廃し、のちに境内の一堂だった雨宝院だけが再建された。西陣に近いところからこの俗称が伝わる。

なお、おなじく聖天と呼ばれる「山科聖天」とは毘沙門堂に近い「双林院」のことで、夫婦和合、子授かりの信仰がある。「山崎聖天」とはJR京都線の山崎駅の北に位置する「観音寺」のことで、事業の成功を願う商人たちの信仰を得ている。

大悲閣

嵐山にある黄檗宗の寺院「千光寺《せんこうじ》」のこと。もとは後嵯峨天皇の勅願寺で、清涼寺の近くにあった。ながいこと荒廃していたその寺を、一六一四年（慶長十九）に角倉了以が河川工事で命を落とした人たちの菩提をとむらうため、いまに地にうつして再興した。

そのとき仏の大慈大悲（楽をあたえる慈と苦をぬく悲）から「大悲閣《だいひかく》」と名づけた観音堂を建てたため、一般的にはその堂の名が通称となった。

渡月橋を南に渡り、大堰川の右岸を約一・二キロ遡る。

人形寺

大堰川の右岸に建つ大悲閣

上京区の臨済宗の尼門跡寺院、宝鏡寺《ほうきょうじ》の愛称が「人形寺」で、「百々《どど》御所」ともいう。

後水尾天皇の皇女が一六四四年（寛永二十一）に入寺して以来、陸続と皇女か住持となり、尼御所として寺格の高さを誇った。

春と秋にそんな皇女らが愛玩した寺宝の人形のほか、光格天皇遺愛の品々などを展示して一般に公開する。

茶くれん寺

京都でもっともユニークな俗称で、本当かと思うが、寺の山門下にその名の石柱が立っている。千本今出川の近くにある浄土院は「湯《ゆ》たく山茶《さんちゃ》くれん寺」という。

一五八七年（天正十五）十月一日、北野大茶湯におもむくため、秀吉はこの寺に立ち寄った。

そこで茶を所望したが、当時の住持は、茶の湯の心得がなく（未熟であるとして）白湯ばかりを出した。そこで、湯はたくさんくれるが、茶はくれない、という寺だと喧伝されたのである。

六角堂

本堂の形が六角の宝形造であることからの俗称で、「頂《ちょう》法《ほう》寺《じ》」という。中京区六角通にある。聖徳太子が四天王寺を建立するさい、用材をもとめてこの地をおとずれ、一堂を建てたことを、創建とするらしい。

また、聖徳太子をとくに崇敬していた親鸞は比叡山から当寺に百日間かよい、霊告により法然の弟子になったという話もある。

また、太子が沐浴した池の辺に本坊を建てたため、池坊《いけのぼう》と称し、代々の寺僧は生け花に秀で「池坊流」となる。

革堂

御池通をこえて北に上がる寺町通は趣のある店が建ち並び並木が植えられた瀟洒な街路となっている。革堂《こうどう》と俗称される「行願寺《ぎょうがんじ》」がこの通りの東側に立つ。開祖の行円《ぎょうえん》上人は、あるとき鹿を射て、その胎内より鹿が生まれたのをみて、殺生を恥じ、仏門に入ったという人物で、四季を問わず鹿皮をまとい念仏を唱え、皮聖《かわひじり》と呼ばれた。そのため革堂の名が伝わった。

三十三間堂

正しくは蓮華王院《れんげおういん》といい、妙法院の管理になる。俗称の三十三間とは、千一体の「十一面千手千眼《せんじゅせんがん》観世音像」が偉観をしめす本堂内陣の柱間が三十三間あることによる名である。

実際の本堂の長さ約一二〇メートル、幅約一七メートル。

一一六四年（長寛二）、平清盛の援助により後白河上皇が創建した蓮華王院の本堂のことで、一度焼失するが、一二四九年（建長元）にこの本堂だけ再建された。以後たびたびの修理をへて、いまの姿となる。

一言寺

伏見区醍醐にあり、醍醐寺の子院金剛王院《こんごうおういん》のことで、当地には建礼門院に仕えた阿波《あわ》内侍《ないし》が創建した旧一言寺《いちごんじ》があった。

この寺の本尊は「一言観音」と呼ばれ、一言《ひとこと》だけの願いなら叶えてくれるといい、それが寺名になった。

旧一言寺は一八九五年（明治二十八年）に廃されたが、いまもって旧名のほうがなじみ深く、地元の人びとに通称される。高台に位置するため、山門からの眺望がよく、手入れの行き届いた静かな境内がとくにいい。

世継地蔵

浄土宗の「上徳寺」のこと。富小路通が五条通と交差する手前西側に建つ。「（お）よつぎさん」とよばれて、地元の人から子授けの信仰をあつめる。

一六〇三年（慶長八）に徳川家康の帰依を受けた伝誉《でんよ》が、上徳院（阿茶の局）を開基として開いた寺である。

世継地蔵の上徳寺

目疾地蔵

四条通、南座の東に間口の狭い境内をもつのが、浄土宗の「仲源寺《ちゅうげんじ》」で、一二二八年（安貞二）の鴨川洪水のおり、止雨を祈願した雨止《あめやみ》地蔵が転訛して目疾《めやみ》地蔵となったという。

またこの地蔵の玉眼には曇りがあり、人びとが眼病治癒を祈ったことによるとの説もある。

釘抜地蔵

釘抜《くぎぬき》地蔵は千本今出川から千本通を北に四〇〇メートルほどいった東側に建つ。石像寺《しゃくぞうじ》という浄土宗の寺である。

狭い境内の中央に地蔵堂があり、壁面は釘と釘抜の絵馬（本当の釘と釘抜がセットになったもの）でうめつくされている。釘抜は苦抜《くぬき》を意味して、諸悪や病気の苦しみからのがれる願いを込めて奉納する。

堂内に安置される苦抜地蔵尊は空海が唐から持ち帰った石に自ら彫って衆生から諸悪、諸苦、諸病を助けようとしたもの。地蔵堂の裏の阿弥陀三尊の石仏も逸品。

御寺

東山区の泉涌寺《せんにゅうじ》は仁治三年（一二四二）に四条天皇の御陵が山内につくられて以来、多くの御陵の地となり、皇室の菩提寺として御寺《みてら》と尊称される。寺名は境内の泉から清水が湧き出たことによる。

伽藍が坂下に位置する泉涌寺

官幣社

神社の社格をあらわすもので、国幣社に対する。古くは神祇官から幣帛《へいはく》を奉る神社で、『延喜式』の規定によったが、明治初年に、大社、中社、小社、さらに別格官幣《べっかくかんぺい》社に分類された。しかし、一九四五年（昭和二十）に制度廃止。

石清水八幡宮

京都の官幣大社

賀茂別雷《かもわけいかずち》神社（上賀茂神社）、賀茂御祖《かもみおや》神社（下鴨神社）、石清水《いわしみず》八幡宮、松尾大社、平野神社、伏見稲荷大社、平安神宮、八坂神社、白峯《しらみね》神宮が官幣大社であり、官幣中社は、梅宮神社、貴船神社、大原野神社、吉田神社、北野天満宮となる。

なお、別格官幣社は、護王《ごおう》神社、建勲《たけいさお》神社、豊国《とよくに》神社、梨木《なしのき》神社である。

蚕の社

「蚕《かいこ》の社《やしろ》」とは太秦にある木《この》島坐《しまにいます》天照《あまてる》御魂《みたま》神社のこと。養蚕や染織技術にすぐれた秦氏ゆかりの神社。平安時代には雨乞いの社として信仰をあつめた。鳥居を三角形に結んで、三方から拝することのできる三柱鳥居がめずらしく、京都御苑内の厳島神社、北野天満宮境内の伴氏《ともうじ》社の鳥居とともに京都三鳥居とされている。

蚕の社の三柱鳥居

社家

世襲神職の家のこと。おもだった神社の界隈には社家《しゃけ》町が形成されていたが、明治の太政官布告で廃止された。今日では上賀茂神社の社家町が閑静なたたずまいをよくのこしている。

つるめそ

「弦召《つるめ》そ」とも「弦売僧」とも書く。祇園八坂神社に所属して、犬神人《いぬじにん》ともいった人びとのこと。市中の屍の処理や神社の武力をにない、ふだんは弓弦をつくり、「弦召そう」と行商した。また祇園祭の整理などをおこなった。

無言詣

祇園祭の七月十七日の神幸祭から二十四日の還幸祭までの七日間、四条大橋から四条の御旅所まで、誰に会っても口をきかず、黙って毎晩詣でると願いごとがかなうというもの。

報恩講

浄土真宗の開祖である親鸞をしのぶ法会を報恩講《ほうおんこう》という。東本願寺は十一月二十一日から親鸞の忌日の二十八日までおこなわれ、西本願寺では一月九日から十六日までの期間で、門徒衆たちの最大の集いである。

千日詣

「お伊勢七度《たび》、熊野にゃ三度、愛宕さんには月まいり」といわれるように、愛宕山は身近な信仰の地である。といっても山頂まではおとなの足でも平均すると約二時間はかかる険難な山道である。

愛宕神社は火の神様でお竈《くど》さんの火の用心の護りで、とくに火事の多かった京都の人びとにとっては大切な神様である。

なお、七月三十一日の夜から八月一日の朝にかけて愛宕山へ登ると、千日の功徳があるという。それを千日詣と称する。

町家と暮らしのキーワード

中京区のある通りを歩いていると、年配のご婦人がお客さんを格子戸の玄関から送りだしている場面にぶつかった。たがいに丁重な挨拶をしていて、やや若いほうの女性のお客さんは一、二度ふり返りつつお辞儀をしながら歩きだした。そのうしろ姿を家のご婦人はじっとみている。お客さんが通りを曲がり、姿が見えなくなるまで、ずいぶん長い時間、家に入らずに見送っていた。

『徒然草』にも、

「あとまで見る人ありとはいかで知らん。かやうの事は、ただ朝夕の心づかひによるべし」(第三十二段)

とあって、送ったからといってすぐに家に入ってては「口をしからまし」、感心できないことだ、といっている。

さて、このところ、京格子に犬矢来、間口が狭く奥行のある「町家」が内部を改装されて、カフェやレストランになったり、ブティックになったりしている。それをめずらしがって喜ぶひとも多いようだ。

しかし、わたしもそんな町家の、それもごく小さな二階建の建物に原稿を書きに通っているが、屋根は低く、隙間風は入るし、外後架だし、築何年かも分からない。京都の住宅事情は決していいとはいいがたい。でも、この街には右のご婦人のような、暮らしの「心遣い」があるから、馴染めば馴染むほどに、京都は、

「京にても京なつかしや」という芭蕉のような心境になってくる。

町家

町なかの家、とくに商家を町家《まちや》というのが一般的だが、京都では市街の典型的な家の形をいう。それは、東西南北のいずれか一方の通りに面して、俗に「うなぎの寝床」といわれるように、間口が狭く奥行の深い京都独特の住宅をいう。隣家とは軒を接して、家屋じたいも密着して隔てるすきまもない。家の片側は玄関から走り庭とも通り庭ともいう土間が奥につづき、その一角に台所（お竈《くど》さん）をしつらえている。昨今、このような町家が飲食店やギャラリーとなって、その内部を見る機会も増えた。

店の間・家の間

京都の町家というのは、多く商売を営んでいる職住兼用の家で、表通りに面して、まず商い用の店《みせ》の間《ま》があり、店庭という入口の土間で客と応対する。

店庭からさらに奥に入ると走り庭と称する土間がたて長にあり、居住する家族が暮らす台所や奥とよぶ家《いえ》の間《ま》がつづく。

走り庭

通りに面した玄関を入り、家の奥までまっすぐにつづく土間のことを走り庭、または通り庭という。

二階建の家ならば、その走り庭の天井は吹き抜けで、明かり取りの窓から淡い光が射し込む。

土間の側面には、お竈《くど》さんと呼ぶ「かまど」がすえられ、台所仕事がおこなわれる。比較的大きな町家ならば、走り庭の先は外庭になり、樹木が植栽されてその一隅に土蔵などが建っている。

内玄関

標準的な町家は、小商売を営んだり、細工職など居職の家だったりするため、通りに面して、まず店用の格子戸の玄関がある。

その先の、「店の間」の奥に、家の者が出入りするところがあって、それを内玄関という。

また、オモテの玄関を入り、店の間を一棟として独立させ、内玄関（住居）の間に外庭を設けているような家を「おもて造り」といって、商家のなかでも大家にみられる。たとえば「杉本家住宅」（下京区）などがそれにあたる。

坪庭

家の建物のあいだにつくられた小さな庭のこと。もともとは平安時代の寝殿造からきている。

坪は壺という字があてられるというが、まさに壺中《こちゅう》の天という小世界のおもむきが坪庭であろう。

店の間があり、母屋との境に光の射し込む心なごむ空間をもうけて、意匠を凝らした庭をしつらえたり、住居の部屋と部屋の間に、小さな庭をつくり、竹を一本だけ植えたりしている。

同様に禅寺でも坪庭に枯山水の庭を設けたりする。

犬矢来

矢来とは、竹や木を縦横に粗く組んだ仮の囲いの意味で、野外の戦いで、仮の陣地としたりした。

京の町家にみられる犬矢《いぬや》来《らい》は、本来は犬除け（おしっこ除け）のものだろうが、町家の表まわりを美しく装うため、細い竹を柔らかく曲げて家の下部を飾る。雨のはね返りなどから壁の汚れを守る意味もある。

最近は、この犬矢来のなかにエアコンの室外機を上手に隠している店も多い。また犬矢来の代わりに駒寄《こまよせ》といって、木で高く囲ったものもある。

典型的な町家造り

京格子

ここで嘆いてみても仕方がないが、ふたむかしほど前の京都の家並は、驚くほど美しかった。それぞれの家が、むやみに自己主張をすることなく、京格子《きょうごうし》と犬矢来と虫籠窓を通りに向けて整然と統一した外観をそろえていた。京格子はとくに竪子《たてご》を細かくした千本格子が多く、風通しを確保しつつ、防犯の役目をはたした。通りから格子を通して内をうかがうことはできないが、暗い部屋の内からは、外の光と人通りを細目のあいだからしっかりと見ることができるという。

虫籠窓

一階の屋根瓦がわずかに迫り出し、その上部に白い壁をたてに短冊形に切りそろえた虫かごのような窓のことを虫《むし》籠窓《こまど》という。店の間の表二階にあたり、商家では使用人たちの部屋にあてていた。この虫籠窓の外側には、疫鬼《えきき》を追い払うという鍾馗《しょうき》の像が置かれていることもある。

紅殻格子

紅殻《べんがら》は、弁柄とも書くが、赤色系の顔料として、朱とともに古くから使われてきたもので、京都の町家では建物の壁や格子にこのベンガラを塗っていた。たとえば祇園のお茶屋一力《いちりき》の壁や格子を見るといい。また、古い家並の残る街を歩くと町家の京格子にはうっすらと赤茶色がのこっている。

ばったり床几

多くの古い町家では、表通りに面しては「揚《あ》げ見世《みせ》」と呼ばれる上半分が蔀戸《しとみど》、下半分が折り畳み式の床几《しょうぎ》になっている造りが用いられて、昼は蔀戸をあげ、床几をおろし、そこに商品を並べて商いや顧客との応接をした。ばたんとおろしたり、しまったりするので、ばったり床几の名がある。

お竈さん

「かまど」とか「へっつい」のことをお竈《くど》さんという。走り庭の土間の片側に煮炊きするかまどをすえ、台所仕事をおこなった。土間だから冬の寒い日は足元から冷えてつらい仕事だが、あまりに寒い日は井戸水が温かく感じたとお年寄りはいう。

また、本来は石灯籠の火をともすところが火袋《ひぶくろ》であるが、京都の町家では、走り庭、すなわちお竈さんのうえの天井のことを火袋といって、大きな家では、二階までの吹き抜けになっており、豪壮な梁組がみられる。

火迺要慎

京都の飲食店の調理場や家の台所には、必ずといっていいほど、この「火迺要慎《ひのようじん》」と黒文字で書かれた護符が貼られている。これは火の神様である愛宕神社の火除け札である。山頂まで登って参詣した人が、神社で買い求めて近所の家に分けてあげる。さらに、一般の家には荒神《こうじん》棚が設けられていた。荒神とは、三宝（仏・法・僧）を守護する神のことで、俗にかまどの神様とされている。台所の上に棚をつくり、土人形の布袋尊《ほていそん》を安置して祀る。また、荒神箒《ぼうき》は台所専用のものをいう。

箱段

箱階段ともいう。京都の町家は二階建でも屋根が低いため、階段もそれほど高くなく、その階段の踏み板の下を引き出しにして収納部分に利用したもので、狭い京都の町家の構造から生まれた生活の知恵といっていい。

町家の箱段

九条壁

昭和のはじめごろまで、九条付近で採掘されていた九条土を塗り込んだ壁で、青味がかった黒色を示す。部屋に射し込む陽の光によって、微妙に色調が変化する。

また、壁面に紅葉の色と意匠をさまざまに浮かびあがらせた紅葉壁もある。これは島原の輪違屋《わちがいや》の二階の紅葉の間が有名である。

磨き丸太

ほどよい太さでまっすぐな丸太、それをとくに北山丸太ともいい、手をかけて植林された北山杉の皮をはぎ、まず自然乾燥させ、洗い池で水に浸したのち、磨き砂でていねいに磨いた丸太である。

この丸太はとくに日本建築では床柱に用いられる。

北山杉の歴史は古く、茶の湯がさかんとなり、茶室建築が発達する室町時代から需要が高まったもので、周山《しゅうざん》街道を北行し、小野の里あたりから左右の山の中腹にその「北山の台杉」といわれる美林が眺められる。

建替え

町家において建具を入れ替えることを建替《たてか》えいう。

冬向きの設えであった襖や障子をはずして、代わりに簾《すだれ》をかけたり、葦簀《よしず》障子をはめたりする。

また、生絹《すずし》という練《ね》っていない透明な絹で織った布を長い暖簾《のれん》のように部屋の仕切りとしてかけたりする。

いずれにしても、京の夏をいくらかでも涼しくして暮らそうとする、街なかの人びとの工夫である。

七月ごろに夏向きの建替えをおこない、九月の終わりに再び冬向きに建替える。

夏座敷

夏向きに建替えた座敷

炎暑の夏を迎えるために建替えた座敷のしつらえを夏座敷と呼ぶ。

その代表的なものは、葦や細い竹で編んだ簾や、襖の代わりに建て込んだ素木の簾戸《すど》であろう。

また、敷物も絨毯から藤を編んだり、網代に組んだりしたものに替える。麻や葛《くず》布でつくった軽やかな暖簾をかけ、わずかな風にも揺れる様子で涼を感じるようにする。

そんな夏座敷のなかで変わったものが油団《ゆとん》（屯）であろう。

これは和紙に柿渋《かきしぶ》を接着剤として塗り、何枚も貼り合わせ、それを一枚につないで敷物として用いる。なめし革のような光沢を見せ、ひんやりとした肌ざわりが心地よいものとなる。

町衆

平安貴族から鎌倉・室町の武家へ、そして町人へと実質の勢力が移行していったことは、歴史が示すとおりであるが、京都においては、応仁・文明の乱後の都の再興に町人たちの果たした役割は大きい。荒廃しきった都のあちこちに条坊制の規矩による地域的団結が生まれ、京都の街は復興の息吹にみちた。それらの街の住人たち、とくに大きく商売した人たちを町衆と呼んだ。歴史家、林屋辰三郎は多くの著書でこのことを記述して町衆の名と意味を定着させた。

屏風祭

「宗達の　屏風ありやと　鉾町を　めぐりてあるく　京の宵山」

と、こよなく京の風趣を愛した吉井勇は詠む。祇園祭の宵山は、別に屏風祭の名があるように、夏座敷に建替えが終わり、祇園祭がはじまると、山鉾町の古い町家では、梅雨時の虫干しをかねて、家に伝わる時代屏風などを通りに面した部屋に飾り、宵山に訪れた客にみせる。屏風に限らず、浮世絵や織物、古い由緒ある衣裳など、家宝の美術工芸品を並べて、上流町衆の見栄と心意気を誇る。

悉皆屋

悉皆《しっかい》とは、ことごとく万事にわたること、全部という語意である。江戸時代、大坂で着物の布の染色、染模様、洗い張りを請負い、京都の業者へ送り、依頼先の注文通りに調整することを悉皆屋と称した。その後、大坂に限らず染物の請負業をいうが、京都では、着物づくりの全工程を管理するディレクターの役割をになう。

友禅染

現在、着物の主流となっている友禅《ゆうぜん》染は、十七世紀後半に、扇絵師だった宮崎友禅斎によって考案されたというのが定説である。

絹の布地の上に、筒に入れた米糊を絞り出しながら絵柄の輪郭線を囲み、絵の部分には、顔料や染料を絵具につくりなおした色材で色を挿していく。

友禅染は日本画の技法と染色が合わさったような染物で、その表現はじつに多彩かつ華麗で、友禅染の出現は日本の染織史の画期的な出来事といえる。

西陣織

平安時代には朝廷の染織をになう織部司《おりべのつかさ》、民間では大《おお》舎人《とねり》という技術集団があったが、そののち工人たちは、応仁・文明の乱の戦火を避けて、地方へ分散した。やがて戦乱が終息すると、西軍の山名宗《やまなそう》全《ぜん》が陣を張った地に機業が興り、その織物を西陣織という。綾《あや》、錦《にしき》、綴《つづれ》など日本を代表する多彩な織物を生産する。

京紫

紫は古来、貴人の色とされ、日本でも世界でも、もっとも尊ばれた色である。

その染色において京の紫染めが本物であるという意味で京紫《きょうむらさき》とした。

京ブランドの魁《さきがけ》である。また、江戸時代になると、東北の南部《なんぶ》紫や江戸でも紫が染められるようになり、産地を明確にするため、京を冠したという説も確かであろう。

江戸紫は青味、京紫は赤味の紫という説が一般的だが、いや、その逆だという人もいる。なお、伝統的な紫染は紫草の根の部分を染料に用いる。

ぼん

とくに京・大阪の商家の息子たちを、知り合いの年上の人が親しみをこめて、「ぼん」と呼ぶ。

「ぼん、今日は三人だよ」

「大将、ぼんももうすっかり一人前だね」

などと年輩者が声をかける。

料理屋や小売の店でも、また手工業の会社でも、当主がいて、なおかつ息子も働いているようなときに、その息子に対してよく使う呼びかけことばで、次代を育てようとする情愛を感じる。

ただし職人の家ではあまり使わないようだ。

丁稚

丁稚《でっち》は、弟子からの転音ともいう。

商家に年季を定めて勤める子どもを丁稚と呼ぶ。

江戸では小僧といい、十歳から十一、二歳で奉公に出て、ほぼ十年間、無給で働きながら商売の道を学んだ。そして手代、番頭と出世して、やがて、のれん分けで分家をたてるようになる。

なお、丁稚羊羹《ようかん》という、ふつうのものより少しやわらかい（アンが薄く、その分安い）羊羹（丁稚さんでも買えるという意味）が京都や滋賀、三重にある。

八瀬童子

後醍醐天皇の比叡山潜幸に、洛北八瀬《やせ》の十三軒の人たちが従った功により、この一帯の人びとは、古くから天皇の輿《こし》をかつぐなど宮中の重要な儀式に奉仕する役をになっている。

そのためかつては課役免除の特権を得ていた。近代の天皇においても、即位式や大喪の礼には、賢所《かしこどころ》の御羽車《おんはぐるま》や葱華輦《そうかれん》をかついだ。

大原女

藍染のきものに御所染の前結びの帯、手甲脚絆をつけ、洛北の大原から薪や柴、さらに炭などを頭の上にのせて市中に売りにくる女たちを大原《おはら》女《め》と称した。

この衣裳は大原の里（寂光院といわれる）に隠棲した建礼門院（子の安徳天皇と壇ノ浦の戦で入水し、源氏に助けられた清盛の娘）の侍女阿波内《あわのない》侍《し》の野外装束をみた大原の村娘たちがあこがれて真似したものがはじめらしい。

「秋の日に　都をいそぐ　賎の女の　帰るほどなき　大原の里」（藤原定家）。

白川女

最初は北白川の街道で旅人に花を売った女たちが、市中にも売りにくるようになった。もともとは、平安前期の文章博士である三善清行《みよしきよゆき》のすすめで白川の里娘が美しく装い、宮中に白川の里の切花を献上したのがはじまりという。紺木綿の筒袖《つつそで》のきものの裾をからげ、藍絣《あいがすり》の前垂れ、白い腰巻姿、手拭いを姉さんかぶりにして、四季の花を頭上の籠に入れて売り歩いた。時代祭（十月二十二日）に白川女花行列が参加する。また、北山の梅ケ畑《うめがはた》からは「畑《はた》の姥《おば》」と呼ばれた売り子がきた。

桂女

桂の里はかつて宮中の御厨《みくりや》がおかれたところで、里の女たちが、桂飴や桂川の鮎を市中に売りにきた。短いきものに独特の桂包《かつらつつみ》という白い布で頭を包むいでたちで知られる。

桂女《かつらめ》の先祖は神功皇后に仕えて芸能や助産婦の役も果たしていたという伝説がのこっている。

お茶屋

京都を訪れるよその地の男性の憧れは、お茶屋にあがって舞妓・芸妓をよんで、いわゆるお茶屋遊びをすることにあるらしい。

しかし、「一見さんおことわり」の世界である。

どうすればいいかといえば、まず京都の知人に案内を頼むことである。その知人に馴染みのお茶屋がなければ、話はそこで終わる。

幸いにして知人のいきつけのお茶屋があれば、同行を願い、紹介してもらう。そして、あとは足繁く通って馴染みになるわけだ。

なお、お茶屋の支払いはツケである。現金やカード払いはない。最初は紹介者に請求書が届けられ、それをうちうちでどう支払うかは茶屋の知らないところ。客が馴染みになったとき、初めてその客へ直接にツケが回されることになる。

基本的にはお茶屋では食事はしないもので、夕食後の酒をゆったり飲み、舞妓や芸妓の舞を見て、おだやかに話を楽しむものと心得ておけばいいだろう。そして、何回と通って、茶屋遊びを覚え、座興で踊ったりして楽しむ。

芸妓と舞妓

もともとは舞をつとめる舞妓に、音曲をつとめる芸妓、としていたが、今日では芸妓も舞う。むかしは遊廓におもむいた客は、遊女を指名し、かつ酒席に芸妓（芸子・芸者）をよんで遊んだ。

現代の京都の花街では、両妓とも置屋《おきや》にかかえられて、お茶屋に出向く（独立した芸妓も多い）。祇園町の芸妓は、舞妓を数年つとめてからなるのが正統とされ、舞妓から芸妓になることを「襟替え（さん）」と呼ぶ。それは舞妓の赤い半襟から芸妓の白い襟になることからの名である。

一見さん

京都の高級料亭や高級な宿、お茶屋では、この「一見《いちげん》さんおことわり」とするところがまだ多くある。一見（一元）さん、すなわち顔を見たことのない初めての客である。

だれでも最初は初会の客だから、正確にいえば紹介者をともなわない客ということになる。

では、一見さんをなぜことわるのか。さまざまに理由はいわれるのだが、要は馴染み客でうまくいっている店をみずしらずのものに荒らさせたくないということのようで、よくいえば馴染み「客」のために新規な「客」をことわるということだろう。

だらりの帯の舞妓さん

四季

春のキーワード

わたしの勝手なおもいだけれど、京都を描いた随筆のなかでいちばんの作品は水上《みずかみ》勉《つとむ》先生の『片しぐれの記』だとおすすめしたい。中学生のときから平成十六年九月八日にお亡くなりになるまで、とぎれとぎれではあったが、先生にお声をかけていただいた。仲人もしていただいた。旧恩もあるが、右書は絶妙な筆致である。

「よく旅行者は、せまい京都の街を冬は冬、春は春、夏は夏の一つ絵で区切ってみせて話すけれど、じつはそんなものではないのである。六月に入って、街ではひやしあめが売られても、北の貴船《きぶね》はまだコタツだから、せまいこの盆地は、丹念に、隅々まで眼をとどかせていないと、本当の季節のうごきは身に沁みてわかってこない」

と書かれる。

先生は十一歳のころに相国寺の塔頭瑞春院の小僧になって、そののち等持院にうつり、青春時代を京都ですごされた。愛憎半ばする京都だといわれる。『片しぐれの記』は雪の章から、春夏秋冬の京のけしきと人事をえがいて師走の章にゆきつく。

「本当の京都好きは、黙って、つまり、暦のあしおとを、重箱の隅をほじくるようにして、素足でさがして満足しているのである」

この四季のキー・ワードもそんな「京都好き」のひとたちの、旅の予習帖になればいいのだが……。

春といっても旧暦に拠《よ》って、新年からはじめる。

初詣

二〇〇八年、京都で初詣客（元日と二日）の多かった社寺はつぎの通り。

伏見稲荷大社が約二〇一万人、（全国で四位）八坂神社が約六三万人、平安神宮が三三万人。八坂神社は大晦日のおけら詣と初詣をかねて出かける人が多い。

また、京都には、古い歴史を秘めていても、ふだんは無住の神社が市中にいくつもあるが、そんな神社の境内にも新しい年の賑わいがあって、地元の人びとが、順番を待って少しばかりカビくさいような社殿に拍手を打つ。

京の正月句

わたしの好きな京都の正月句をあげておく。

元日や松静かなる東山　　闌更

塔頭に賀状配りの郵便夫　　中火臣

加茂川の流れつづきて今年かな　　村山古郷

とくに二句がいい。広い境内に点在する塔頭それぞれに年賀状を配る大きなカバンを肩にかけた郵便夫。いまならひんぱんに発進停止を小さな山門の前でくり返す赤いオートバイが思い浮かぶ。

門松

京都のふつうの家はだいたいに間口が狭いので、東京のちょっと大きな家などにみられるような一対の松竹を仰々しく立てる家は少ない。

根引きの男松と女松を組み合わせ、下の部分に半紙を巻き、水引をかけたものを格子戸の脇の柱に飾るのがだいたい標準である。

なお、京都では十四日までが松の内となる。

恵方詣

初詣では、その年のもっとも縁起のよい方向に位置する社寺に参詣するといいとされる。

　それを恵方詣《えほうまいり》といい、恵方とは、歳徳神《さいとくしん》のやってくる方向で、明《あき》の方ともいう。

　元旦に、その年の福徳を司る新しい神（年神）がやってくるといわれ、それを歳徳神といって、棚をつくり、小松を立て、神酒や鏡餅を供えて迎える。

　さらに、親しみをこめて、年徳《としとく》さんとか若年《わかどし》さんといったりすることもある。

　しかし、いまあまり方角を気にする人はなく、やはり毎年おなじみの神社にいって、新年の無事を祈ることになる。

若水

若水《わかみず》は、元旦に汲む水のこと。

　この水を沸かして皇服茶《おうぶくちゃ》（梅干しや結び昆布を入れたもの）を飲み、雑煮を食べると若返るといわれている。年男が、

「新年の年の初めのひしゃく取りよろずの水をわれぞ汲む」

　と三度唱えて汲むのがいいとされる。

皇服茶

東山の六波羅蜜寺《ろくはらみつじ》では正月三ヶ日、参詣人にこの皇服茶《おうぶくちゃ》を供する。

　大福茶とも大服茶ともいうもので、若水を沸かした湯で煎じたお茶に小さな梅干と結び昆布を入れ、新年を祝って飲む。

　六波羅蜜寺の開祖、空也《くうや》上人は都に疫病が流行したおり、荷車に観世音菩薩を安置して、市中をめぐり、このお茶を病人に与えながら、念仏をとなえて、その流行を終息させたという故事から生まれたものである。新しい年の邪気を祓う意味をもつ。

筆始

祟《たた》りを起こす怨霊神からのちに学問や書道の神様になった菅原道真《すがわらのみちざね》を祭神とする北野天満宮では二日に筆始祭《ふではじめさい》をおこない、四日までが書初《かきぞ》め（天満書）をおこない奉納する期間となる。

大勢の子どもたちが何列にも並んで書く。その子どもの背中ごしに心配そうに親がのぞきこむ。

「寒紅梅咲くや北野の筆始」（正田雨青）。

なお、書初めで奉納された書は一月下旬に境内の絵馬所などで展示されて優秀作品の発表がある。

懸想文

懸想文《けそうぶみ》は、とくに女性たちが良縁を得るための縁起物として買った。また商売繁昌にもご利益があるという。畳紙《たとうがみ》に米粒を二、三粒入れたものを、八坂神社では元旦から十五日まで、神社に奉仕する犬神人《いぬじにん》が赤袴と烏帽子《えぼし》、白い布の覆面姿で売る。

そもそもは寛文年間（一六六一〜七三）に建仁寺前ではじまったものといわれている。

人日と七種

一月七日の節句を人日《じんじつ》といい、七種《ななくさ》の粥を祝う。

もともと七種は、宮中で京の七野《しちの》から摘んできた野草を粥《かゆ》にしたことがはじまりとされている。

その七種とは、セリ、ナズナ、ゴギョウ、ハコベラ、ホトケノザ、スズナ、スズシロの七種の野草で、それを加えた粥をつくって祝う。

また、この七種を浸した水に爪を湿して切ると、その年の邪気を祓《はら》うといわれる「七種爪」や、風呂に七種を入れて入浴する「福沸し」という風習もある。

七福神詣

松の内、一月七日までに七《しち》福神《ふくじん》を祀る社寺を巡拝して、今年の福徳をいただく。

京都にはいくつもの社寺の組み合せがあるが、たとえば、「京都七福神」は大黒天（左京区妙円寺《みょうえんじ》）、弁財天（上京区妙音堂《みょうおんどう》）、毘沙門天（上京区廬山寺《ろざんじ》）、福禄寿（北区遺迎《いこう》院《いん》）、恵比寿（上京区護浄院《ごじょういん》）、寿老人（中京区革堂《こうどう》）、布袋尊（中京区大福寺《だいふくじ》）となっている。

また「都七福神まいり」は、大黒天が松ヶ崎大黒天（左京区）、弁財天が六波羅蜜寺（東山区）、毘沙門天が東寺（南区）、福禄寿が赤山禅院（左京区）、恵比寿が恵美須神社（東山区）、寿老人が革堂（中京区）、布袋尊が万福寺（宇治市）となる。

福禄寿の赤山禅院

始業式

五つ紋の黒紋付の本衣裳で、一月七日に祇園、先斗町、宮川町の花街では、芸妓・舞妓が各歌舞練場に集まり、始業式として、一年の仕事始を祝い、なおいっそう芸の精進を誓い合う。上七軒《かみしちけん》では九日におこなう。

喰積

喰積《くいつみ》とか組重とかいう、いわゆるお節料理、縁起物の食材を使った煮物などを盛った四つ重ねの重箱のこと。女性たちが外に出て働く昨今でも、この組重をつくる家庭はまだ多い。

「喰積のほかにいささか鍋の物」（高浜虚子）。

柳箸

柳箸《やなぎばし》は、太箸とも、祝箸ともいう。新年の食卓に、箸紙や箸包に包んで家族一人ひとりの前に置かれる。その家のご主人が家人それぞれの名を記すこともあって、新しい年のあらたまった感じがするものである。

柳の木を使うのは、折れにくく吉兆に通じるからで、とくに昔は箸折れは落馬の前兆ともいわれて忌避された。

十日ゑびす

初ゑびすといい、一月十日の戎《えびす》祭のこと。

戎は七福神の恵比寿神で、海上、漁業、また商売繁昌の蛭子命《ひるこのみこと》。

四条通から大和大路を南に入ると恵美須《えびす》神社までの沿道に露店が並び、雑踏する。昨年の福笹をおさめ、新しいものを買い、商売繁昌などもろもろの幸を願う。大阪の今宮戎や西宮神社にくらべ小規模であるが、それでも数万人の京都人が詣でる。

九日を宵戎、十一日を残り福といい、ほぼ十日の前後五日間は人出が多い。

通し矢

三十三間堂でおこなわれる弓始《ゆみはじめ》の儀式。むかしは三十三間堂の南端から北端までの約一二〇メートルを射たが、現在は、全国大会として各地から有段者が集まり、六〇メートルの距離と直径一メートルの的でその優劣を競う。

通し矢のおこなわれる三十三間堂

粥占神事

御粥祭《おかゆさい》ともいい、一月十五日におこなわれる。粥をたき、その状態を判断して、農事の吉凶を占うもの。京都では上賀茂、下鴨、貴船の各神社と北野天満宮などでの儀式が知られている。

餅花

一月十四日に、ミズキや柳、榎《えのき》などの枝に紅白の細かく切った餅をつけ、玄関先や応接間、または神棚の近くの柱などに飾る。花餅とも花飾、餅の花ともいい、小正月の飾りものとして、花の春を待つ気分が伝わる。

女正月

元旦を中心とした大正月を男正月というのに対して、十五日を中心として女正月（小正月）という。暮れから正月の忙しさのなかで立ち働いた女性たちの休息日といったもの。

骨正月

一月二十日のこと。頭《かしら》正月とか、関東では二十日《はつか》正月という。正月のおさめの日で、正月の食べものもこのころには骨だけになって、たとえば鰤《ぶり》の骨と大根などを煮《た》いて食べる。

鬼退治

節分の鬼退治には、豆をまいて鬼の目つぶしとしたり、柊《ひいらぎ》に生臭い魚（鰯《いわし》）を添えて退散を願ったりする。「鬼は外、福は内」の掛け声だが、京都の神社ではもともとうちの社に鬼はいないといい、「福は内」だけを連呼するところもある。

京都での節分会は、吉田神社、壬生寺、千本釈迦堂に多くの人があつまる。

立春大吉

春の季語。寒明けて春立つとは暦の名ばかりで、立春の二月四日、五日ころの京都はまだまだ寒い。地の底が冷えきっているせいか、足裏から膝をつたわって寒さがしみこんでくるのである。一月より二月に入ったほうが雪の舞うことも多い。

　陰暦で春は一月、二月、三月で睦月《むつき》、如月《きさらぎ》、弥生《やよい》とよぶ。

　禅寺、とくに曹洞宗では寺の入り口に立春大吉と書いた札を貼り、禅家も同様にして悪疫をふせぐ。近年曹洞宗の寺になった詩仙堂の受付にもあった。

春寒料峭

「春寒《しゅんかん》」は、やはり春の季語にとられている言葉。また、春風を肌にうっすらと寒く感じることを料峭《りょうしょう》といい、峭は削りとったようなけわしさをあらわす。

　余寒がつづいて、春遅々《ちち》として訪れぬころのこと。まだ京都では盆地独特の盆地独特の寒さが去らずに肩がこわばっている季節だ。

比良八荒

琵琶湖の西岸に南北に連なる比良《ひら》山地があり、ここから湖面に吹き降ろす寒風を比良おろしという。

　冬の終わりに京都の街にも比良からの冷たい北東の風が吹き込んでくる。

　陰暦二月二十四日から四日間、滋賀県の白髭《しらひげ》神社（比良明神）で法華八講《はっこう》の法会がおこなわれたため、比良八荒《ひらはっこう》（八講）と呼ばれ、比良八荒の荒れじまいで季節のかわり目となる。これも春の季語。

「比良八荒　までの寒さと
おもひつつ　うち仰ぎゐぬ
京の風空」は吉井勇の歌。

梅の名所

京都で梅見の名所といえば、梅苑をもつ北野天満宮がもっとも有名だが、ほかに京都御苑の蛤《はまぐり》御門《ごもん》近く、二条城の西南の一角、それに山科の随心《ずいしん》院《いん》の小野梅園、府立植物園、梅津《うめづ》の梅宮大社などを数える。

古代に中国から渡来した梅は桜にくらべて、文人趣味に傾《かたむ》く花木で、純粋に美的な観賞木であった。『万葉集』においては、萩の百四十一首につづき百十八首が詠まれている。ちなみに桜は五十首と少ない。

春を告げる花木だから、名所の梅でなくても、隣家の庭に白梅が開くとホッとする。

雪の果て

名残の雪とか、涅槃《ねはん》雪とか、また雪の別れといって、このころの雪は寺の屋根瓦や町家の坪庭などをうっすらと白くさせるが、やがて短時間で消える。

二月十五日の涅槃会前後のわずかな積雪をいう。しかし、京都市内では花吹雪と見紛う時期に思いがけない忘れ雪があったりする。

飛び梅

北野天満宮の祭神である菅原道真は梅をこよなく愛した人といわれ、太宰府に流される前、邸宅であった白梅殿（いまは菅大臣《かんだいじん》神社）の庭の梅に、

「東風《こち》吹かば　匂ひおこせよ　梅の花　あるじなしとて　春な忘れそ」

の歌をのこした。するとその梅は道真を慕って遠く太宰府まで飛んで、同地に根づいたという伝説がある。

菜種御供

菜種《なたね》御供《ごく》は北野天満宮で二月二十五日（菅原道真の祥月命日）におこなわれる祭礼で、北野梅花祭ともいう。

古くは菜種の花を献じたことによる。神事がすむと、梅の花の下に緋毛氈を敷いて上《かみ》七軒《しちけん》の芸妓の点前による野点が催される。

「西陣の帯の売れゆき梅花祭」

この星島野風の句は、上七軒の旦那衆である西陣の織屋の景気に祭の賑わいも左右されることを詠んだもの。また、三月末から四月にかけて春の長雨を菜種梅雨という。

鶯宿梅

平安中期の村上天皇は、『後撰和歌集』の編纂を命じた文人肌の天皇であった。

清涼殿前の梅の木が枯れたため、京都内の名木を捜させて、紀内侍《きのないし》（紀貫之《きのつらゆき》の娘）の庭の紅梅を移植させたが、その枝に、

「勅なれば　いともかしこし
鶯の　宿はと問はば　いかが答へむ」

という歌が結ばれており、その歌の意味するところに天皇は敬服して元に返したという故事がある。

この梅を鶯宿梅《おうしゅくばい》といい、その何代目かの木が、相国寺の塔頭林光院（通常非公開）にあると聞く。

あがり

北区の上賀茂神社の氏子町では十五歳になった男子の成人を祝う「幸在祭《さんやれまつり》」が二月二十四日におこなわれ、その成人入りした男子を「あがり」と呼ぶ。元服式の一種である。大島紬の羽織姿で黒足袋に下駄、白襟巻が当日の装いで、上賀茂神社や摂社の大田神社に行列参拝する。

初午祭

二月の初午の日におこなわれる伏見稲荷神社の祭礼で、もともとは田の神への信仰、福参りともいう。

七一一年（和銅四）のこの日に、稲荷神が東山三十六峰の南端の稲荷山三ガ峰に降臨したという言い伝えによる。

全国の稲荷神社でおこなわれるが、伏見稲荷大社が総本家として、たいへんな賑わいとなり、初詣と同じような人出がある。

参詣客は「験《しるし》の杉」を受ける。この杉苗を持ちかえって植え、根づけば願いが叶うとされている。

五大力さん

大力のある五菩薩（金剛吼《く》、龍王吼、無畏十力吼、雷電吼、無重力吼）の法要、五大力《ごだいりき》尊仁王会といい、醍醐寺（下醍醐）で二月二十三日におこなわれる。

五大堂は上醍醐の山頂に建つが、山道を約二・五キロ登らなければならず、現在は下醍醐の寺域で開かれる。

とくに知られているのが、鏡餅上げの催しで、約一五〇キロの紅白重ね餅をどれだけ持ち上げていられるか、その時間を競う。また五大力菩薩の護符を家の四隅に貼ると盗難除けになるという。

京の朝

山をへだてた近江の田畑には朝日が射して、琵琶湖の湖面は輝いている。しかし、京都は東の空がようやく明るくなり、それを映して鴨川の水面ばかりが白んで、街なかはまだ暗い。

「春は曙。やうやう白くなりゆく、山ぎはすこしあかりて、紫だちたる雲の細くたなびきたる」

と『枕草子』は記す。

春宵

陽の残る順にいえば、夕から宵になって夜になる。

春の夕暮れから宵にかけては、三月末では六時になってやっと日が没するが空は薄青色でまだ明るい。

京の職人たちは、仕事道具を片づけて、手を洗いながら西山の空に残照を見て、さて今夜はどこで一盞《いっさん》を傾けようかとおもう時刻である。

京都の居酒屋にはサラリーマンが数人集まって飲む図もあるが、ひとりで来て、やはり手酌の知り合いと話しながらゆっくりと飲む、という姿が意外に多い。

月は朧に

長田幹彦作詞、佐々紅華作曲で一九三〇年（昭和五）に発売された「祇園小唄」が大流行して、「月は朧《おぼろ》」と「東山」、そして、「だらりの帯」は祇園情緒の全国的規模の定番となって、観光客誘致におおいに貢献した。

日中は霞《かすみ》と呼ぶが、夜は朧となる。見るものすべてがぼんやりと輪郭をうしなう暮れ方である。

人を春にする

川端康成が、一九六一年（昭和三十六）から翌年にかけて朝日新聞に連載した小説『古都』は京都の観光案内的な名作といっていい。

主人公の千重子の日常を通して京都の暮らし、年中行事、名所旧跡が描かれて、他郷人の京都への憧れを増幅させる小説となっている。

この小説の冒頭は、千重子が幼なじみの真一と平安神宮へ花見に出かける場面で、「西の回廊の入り口に立つと、紅しだれ桜たちの花むらが、たちまち、人を春にする。これこそ春だ」

とある。
平安神宮に限らず、京都はたしかに「花洛」である。円山公園、白川沿い、鴨川の川端通沿い、仁和寺、そして嵐山と数多く花の名所をもつ。「京都に行く」という高揚もまた「人を春にする」ものといっていいだろう。

祇園の白川に枝をのばす桜

枝垂桜

京都の桜好きは、マイ桜を決めていて、その花どきが気にかかる。それは街なかの駐車場の角の桜だったり、疏水沿いの桜、洛北の寺の桜、伏見桃山御陵の一本の枝垂桜だったりする。

枝垂桜は糸桜ともいい、京都府の府花となっている（昭和二十九年制定）。円山公園に咲く桜守佐野藤右衛門氏が丹精した祇園の夜桜と呼ばれる枝垂桜、谷崎潤一郎の『細《ささめ》雪《ゆき》』や川端康成の『古都』に描かれた平安神宮の紅枝垂桜が、あでやかな京洛の春を代表する。

山桜

染井吉野全盛の桜木のなかで、白い山桜の花は郷愁をさそう。

比叡山への道すがらにもあって、新緑のなかに白い綿をおいたようなけしきがいい。

また、山科疏水から見上げる山腹の山桜も見事である。

「しきしまの　やまと心を
人問はば　朝日に匂ふ　山桜
花」

これは有名な本居宣長の歌。

師範桜

鴨川は、出町の高野川との合流点より上流を賀茂川と記し、北へ葵橋、出雲路橋、北大路橋が架かる。

この付近の両岸の桜並木は、京の第一等の春げしきである。

幅の広いおだやかな水面に薄紅色が映り、遠くに北山の峰々がかすむ。駘蕩《たいとう》とした春の喜びを感じさせる。

この桜並木は、一九〇五年（明治三十八）に、当時の京都府師範学校が賀茂川の美化運動として教職員と学生を動員して、二千数百本の桜の苗木を植えた成果である。

左近の桜

京都御所の正殿である紫宸《ししん》殿《でん》の南庭に右近の橘《たちばな》と左近の桜が植えられている。左右は天皇が南面しての位置であり、それぞれの樹を陣頭として、右大将率いる右近衛府陣、左大将率いる左近衛府陣が縦列したところからの名。平安遷都時は左近の樹は梅であったがのちに枯れ、仁明天皇が桜に替えて、以降その例にしたがったという。

御車返しの桜

中立売《なかたちうり》御門より京都御苑に入ると、北側の芝生のなかにこの桜がある。

ある天皇があまりの美しさに御車《みくるま》を戻されて、いま一度観賞したとの話があって、それによる名という。

また、この桜は一本の木に一重と八重の花がまざりあっている里桜の一種で、それをいぶかってある貴人が車を戻したという説もある。

洛北の常照皇寺《じょうしょうこうじ》にも同名の桜があって、洛中の桜よりかなり遅れて咲いていたが、最近になり衰えて根と幹を残すだけになってしまった。

墨染の桜

「深草の　野辺の桜し　心あらば　今年ばかりは　墨染にさけ」

と藤原基経《もとつね》を亡くした上《かんつけ》野岑雄《のみねお》は詠じ、桜も喪に服して、今年だけは薄い墨に染まったような色で咲いてくれ、と願っている。

伏見区墨染《すみぞめ》はこの古歌による地名。京阪電鉄の同名駅の西に建つ墨染寺《ぼくせんじ》境内に、何代目かの墨染桜はある。

西行桜

「願はくは　花の下にて　春死なむ　そのきさらぎの　望月の頃」

と詠った西行は、桜に生き、桜に魅せられた歌聖である。西行にゆかりをもつ桜木は各地にある。

たとえば大阪府河南町の弘川寺《ひろかわでら》は、西行の墓があることで知られ、墳墓《ふんぼ》に落花の舞う様子が歌のように美しい。

京都では洛西大原野の勝持寺《しょうじじ》の西行桜（八重桜）は自身の手植えという。

この寺は別名「花の寺」といわれるほどで、境内は約四百本の桜木に囲まれる。

御室の桜

この桜は、「御室《おむろ》の遅桜」とも御多福《おたふく》桜、おかめ桜とも愛称される。市中の桜が散ったあとも御室の仁和寺ではまだ花見が楽しめる。『都名所圖會《ずえ》』によれば、この地は山に近く、つねに枝葉が風にもまれていたため樹高が伸びず屈曲した桜になったという。たしかに根元から幹が出て、人の顔の位置に花がある。仁和寺は光孝天皇の勅願により創建、宇多天皇が当寺で出家し、寺内に僧房（御室）をもうけたため御室御所といわれた。その後、門跡寺院として最高位にランクされた。

醍醐の桜

その生涯最大の花宴を催した豊臣秀吉には死の予兆があったのかも知れない。

一五九八年（慶長三）三月十五日、みずからが再興に多大な援助をおしまなかった醍醐寺で、子の秀頼《ひでより》、北政所、淀君のほか側室や千人を超す女房・侍女をひきつれ花見行列をおこなった。

醍醐寺の総門から山腹まで畿内より移植した約七百本の桜並木のところどころに茶屋が設けられ、女房らはみたび、華麗な衣裳替えをして、桜花にまけずと大豪遊に色を添えたという。

この「醍醐の花見」の五ヶ月後に秀吉は没する。現在、四月一日から二十三日まで醍醐桜会が開かれ、第二日曜日に、三宝院前の「桜の馬場」で花見行列が再現される。

三宝院の唐門は五七の太閤桐文

花筏

「門前の疏水へ流す花の塵」と土山紫牛は法然院あたりの春けしきを詠んだ。

琵琶湖疏水や白川、高瀬川といった京人に親しい水の流れに落花が散り、花筏《はないかだ》となる。とくに流れのゆっくりした細い川ならではの景色で、疏水べりの小路も落花の道に。

すっかり有名になった「哲学の道」はその景色の代表格で、花の散るさかりには、水面が花筏でびっしりと隠れるほどである。

岡崎付近の疏水だまりもい散りけしきで遊覧の船に乗り、その様子が眺められる。

夜桜見物

夕暮れの三条大橋から川端通を下り、新門前通入口の桜を見、大和大路《やまとおおじ》通を少し南へ、白川南通に入り、白川沿いの桜の遊歩道を歩き、祇園を愛した歌人、吉井勇の歌碑に散る落花を見て、八坂神社から円山公園にのぼれば、名桜祇園の枝垂桜が篝火《かがりび》に映えて満開である。となれば、春宵一刻値千金の「都の都たるところ」の花めぐりである。

また、北野天満宮の北西にある平野神社の夜桜も京の春夜の粋美だ。ぼんぼりに照らしだされた約五百本の桜花が青墨色の夜空を隠す。

花冷え

京都では花のさかりを迎えるころ、ふいに寒さがおそってくることがある。

前日より最高気温が一〇度ほど下ることもしばしばで花曇りの空が低く、花どきの雨、氷雨にも似たような雨が降ってくる。

せっかく軽やかに舞っていた落花もそんな雨によって、道路わきにべったりと汚れてたまる。

花冷えも底冷えと同様に京都ならではの「言の葉」であるといっていい。

「花の冷えと花の重たさの下をゆく」（篠原梵）。

花疲

蕪村に、

「花を踏みし草履も見えて朝寝哉」

という名句がある。木屋町に宿をとった知り合いを訪ねるが、まだ寝ている様子だ。玄関先に脱ぎすてられた草履に花びらがはりついているのを見て、昨夜の花見に疲れたのかと思う。春の物憂い昼と、さぞかし賑やかな夜桜見物にうかれたであろう夜が対比される。

椿の都

京都は椿の都といっていいほどだ。名庭園や古社寺には、命名された名椿が多い。たとえば、等持院の有楽椿《うらくつばき》、龍安寺の侘助椿《わびすけつばき》、別名椿寺といわれる地蔵院の散椿《ちりつばき》（二代目）、また、尼寺の霊鑑寺《れいがんじ》や「春や椿二十五菩薩二十五花」（日野草城）と詠まれた法然院も椿の名所として知られる。

平岡八幡宮の散椿

花山吹

薄紅色の桜ばかりに気をとられて、みどころを訪ね歩くうち、春はたけなわになり、山吹の鮮やかな黄色が目立ってくる。

祇園の白川沿いでは子どもの背丈ほどの山吹が、葉桜になりかけた桜の木の下にあでやかに咲く。

また、宇治の興聖寺への参道である琴坂や松尾大社境内の八重山吹もたいへんに美しい。

枝垂柳

風の少し強い日に、鴨川沿いの川端通や二条城付近の堀川通を歩いていると、薄緑の柳の細枝に顔を打たれることがある。

柳は桜とともに都の春の景観を彩ってきた。平安京の朱雀大路も柳並木という。そのころの素性《そせい》法師が、

「見渡せば　柳桜を　こきまぜて　都ぞ春の　錦なりける」

と詠んだ光景は、いまの京都でも十分に見ることができる。

伏見中書島《ちゅうしょじま》の寺田屋界隈の堀端の柳も清々しい。

春水

四条から上《かみ》へ三条にかけての鴨川の河原は水辺の涼気をもとめる人には格好の散歩道となる。とくに右岸の岸辺は夕暮れどきになると、等間隔で若い男女が肩を寄せる姿がみえ、はじめは各大橋近くから、しだいに遠くにその二つの影がつらなっていく。春からの風物詩のようだ。

「春水四辺に満つ」

というほど鴨川は雪解け水によって水量を増すわけではないが、それでも小堰を落ちる白い飛沫の勢いが増して、河原を歩く人や橋を渡る人に陽春の風が吹く。

嵯峨のお松明

三月十五日の夜にこの行事がおこなわれる清凉寺《せいりょうじ》は、「嵯峨の釈迦堂」と呼ばれ、嵯峨の中心的な寺である。涅槃会の法要のあと、すっかり暗くなった境内に高さ六、七メートルの三柱の逆円錐形の大松明《おおたいまつ》が立てられ、護摩木の火を点じた藁束で火を放ち、その火勢によって農事の吉凶を占う。

涅槃会

釈迦の忌日は旧暦の二月十五日で、京都の各寺では三月の同日に涅槃会《ねはんえ》の法要が営まれる。

東福寺では、縦十五メートル、横七メートル、泉涌寺では縦十六メートル、横八メートルの巨大な涅槃図が掲げられ参詣人に公開される（三月十四〜十六日）。

涅槃図とは沙羅双樹《さらそうじゅ》の下に横たわる釈迦のまわりを門人や諸神、さらに動植物が取り囲む絵のこと。

両寺ともに東山の山懐に伽藍を構える名刹で、この時期、多くの人が訪れる。

知恵詣

京都では、十三詣《じゅうさんまいり》という。四月十三日を祈禱会の中日として三月から五月まで、数えで十三歳になった子どもが虚空蔵菩薩に知恵貰いに参詣する行事である。

子どもから大人になる時期の健康とすこやかな成長を祈る。京都では嵐山の法輪寺《ほうりんじ》にゆく家族が多い。

参詣後、渡月橋《とげつきょう》を渡って市街に帰るのだが、そこで後ろを振り返ると授かった知恵を返してしまうことになるので、みんながその子どもを囲んで急ぎ足で渡る様子がほほえましい。

都をどり

「都をどり」の開催を知らせるポスターがなじみの喫茶店やうどん屋に貼りだされ、祇園のお茶屋の軒先に赤い提灯が下げられると、ようやく春の賑わいが感じられるようになる。

祇園の舞妓・芸妓による「都をどり」は、一八七二年（明治五）に開かれた第一回（実質は第二回）京都博覧会に企画され、今日までつづいている。四月一日から三十日まで、「ヨーイヤサー」の華やいだかけ声で舞台の幕があく。ほかにも春踊りとして、宮川町の「京おどり」、上七軒の「北野をどり」がある。また、五月一日からは先斗町の「鴨川をどり」がはじまる。

やすらい祭

北区紫野の今宮神社境内（疫《えき》神社）を中心に四月の第二日曜日に、おこなわれる京の祭のさきがけがこの「やすらい祭」である。京都三大奇祭のひとつ（ほかに鞍馬の火祭、太秦の牛祭＝中断）。もともとは、桜の散る季節に疫病がはやったため、花の霊を鎮める祭であった。直径二メートルもある花傘の下に入ると一年間疫病にかからないといわれる。

カンデンデン

中京区の壬生寺《みぶでら》でおこなわれる壬生狂言は、鉦と太鼓の「カンデンデン」の囃子で無言劇として演じられる。

壬生狂言のはじまりは、円《えん》覚《がく》上人が一三〇〇年（正安二）におこなった大念仏会で、だれにでも理解できるように、パントマイムの仕草で仏の教えを説いたものである。

四月二十一日から二十九日の壬生大念仏法要の会期中の催しで初番の「炮烙《ほうらく》割り」に人気があり、ほかに曲目も三十番まである。

「長き日を云はで暮行壬生念仏」（蕪村）。

曲水の宴

平安貴族たちが催した春の遊宴のひとつ。三月上巳（のちに三月三日）の日、庭園に曲がりくねって設けられた浅い流水路の脇に歌人が坐して上流から流れてくる杯（羽觴《うしょう》）が自分の前を過ぎないうちに歌を詠み、その杯の酒を飲む。そののちに宴席で歌を披露した。

詩歌、管弦は平安貴族らの評価が決まる大切な教養であった。

現在、伏見区の城南宮で、春は四月二十九日、秋は十一月三日にその平安もようが再現されている。

八十八夜

立春から数えて八十八日目、五月二日ごろ。八十八夜の別れ霜ということばがあるように、遅霜のおりるころで、宇治の茶園農家ではとくに注意をはらう。

のこり少なくなったが、いまでも宇治界隈では茶摘みの風景が見られる。丘陵の茶畑の新緑を見るなら、宇治田原、和束《わつか》の里を歩くのがよい。

四季 夏のキーワード

この四季のキー・ワードを春は一、二、三月、夏は四、五、六月、秋を七、八、九月、冬を十、十一、十二月と陰暦にしたがって区分したのは暦行事と季語に引きずられたからで、今日の気象からいうと寒暖の感覚があわない。

各季の「言の葉」の記述に、陰暦といまの気候の感覚がいりまじっていることはまずおことわりする。

わたしの好きな京都の句に、

「バスを待ち大路の春をうたがはず」

という石田波郷《はきょう》の句がある。これは陽春の日射しがあふれる、たとえば幅広い堀川通か御池通で人びとに紛れながらバスを待っている様子で、暖かさからいえば、四月五月の気候で、陰暦の夏にあたろう。

京都の人は「祇園祭」で夏本番をむかえ、「油照り」といわれる極暑のころ「西日の矢」の強烈な残照に肌を焼かれる。そして、「五山の送り火」でようやく夏を送る。といっても八月十五日は陰暦の秋。

もう一句、京の夏を詠んで、わたしの好きな句、

「川涼し僧も四条へ小買物」（川端茅舎）

鴨川に架かる四条大橋を薄い法衣すがたの僧侶（若い僧だろう）が東から西へ足早に渡るようすがみえるようだ。

古い京都のひとはたいがい避暑にもいかず、夏座敷に建替えた家で、静かに団扇をゆらして毎夏を暮らしている。

山の余花

飯田蛇笏《だこつ》の句に、

「行き行きて余花くもりなき山の昼」

の吟がある。市中の桜が散り、遅桜で有名な御室の桜も終わり、京を囲む三方の山に若葉青葉が萌えはじめるころ、洛外の山腹に春に遅れた桜をみつけることがある。

これを余花《よか》、または青葉(若葉)の花とも夏桜ともいう。緑のなかだからこそいっそう白くみえる。

葉桜

春の風に花片が舞い、根のまわりに散った落花が雨に打たれるころの桜木は、どこか落魄《らくはく》の寂しさがつきまとうのだ。

都の春こそここぞと競って咲いていた名桜もほかの木々のなかに埋もれる。

だが、日ごとに夏めくいてくると、桜の木はみずみずしい若葉を枝に繁らせる葉桜となり、もう一度、都人の目を楽しませてくれる。

川畔の葉柳

葉柳は夏柳ともいう。春に若々しい細い葉を見せていた柳も、夏に入ると、たっぷりとした枝にまぶしいほどの緑を川畔に揺らす。

鴨川沿いの川端通や、堀川通の二条城付近、中書島の寺田屋付近、また宇治橋あたりの川沿いの柳がいっそう美しい季節になる。

三条大橋南側の柳と鴨川

緑風の京

とにかく寒暑の厳しい京都の街にあって、陽春から初夏はもっとも過ごしやすい季節となる。

東山の麓の名刹、たとえば清水寺や知恩院や銀閣寺などに出かけて境内に立つと、山から吹きおりてくる緑風がまことに心地よい。

桜見物と七月からはじまる祇園祭の観光客の賑わいのはざまにあって、京都人が京のよさをしみじみと取りもどす日々である。

「菖蒲葺きし軒にかぶさる大文字山」（村山古郷）。軒先の青々とした菖蒲《しょうぶ》の葉と緑翠《りょくすい》の山。

青葉若葉

市中散歩や寺社めぐりが楽しい季節である。

初夏をむかえて、たとえば、南禅寺の三門にのぼり、東山の山容を目の前にすると、萌黄色の若葉から常緑樹の新芽の浅緑色、さらに濃い葉色などさまざまな緑に目を洗われるような感じになる。

東福寺の通天橋からも渓谷の青葉がとても美しい。もちろん清水の舞台からの眺めもいい。

中村草田男が新季語として採用した万緑《ばんりょく》にふさわしい、満目《まんもく》ことごとく緑の滴る光景である。

若楓

紅葉の名所はすなわち新緑のみどころとなる。

南禅寺から東山連峰の山脚に沿って北へむかうと、永観堂、若王子《にゃくおうじ》神社、法然院、銀閣寺にいたる（途中は哲学の道）。いずれもみずみずしい青葉に見惚れる古社寺だ。

とくに崖腹に建つ永観堂の若楓は境内にあふれ、堂内をめぐる板張りの廊下も新緑を映して緑色に染まる。

そして、三尾《さんび》の神護寺や高山寺まで足をのばせば、緑黛の別天地を眉近くにみることになろう。もちろん鞍馬・貴船の地も緑が輝いている。

卯の花月

卯《う》の花月《はなづき》は卯月《うづき》とも花残月《はなのこりづき》とも夏初月《なつはづき》ともいう陰暦四月の呼称。

陽暦の五月にあたる早緑匂う時節である。卯の花は空木《うつぎ》の花のこと、白い花穂を伸ばし、夜目にもこの花のまわりはほのかに明るい。

小学唱歌「夏は来ぬ」に、卯の花の匂う垣根に、とあるのは、作詞の佐佐木信綱が幕末の歌人、加納諸平《かのうもろひら》の歌、

「山里は　卯の花垣の　ひまをあらみ　しのび音　もらす時鳥かな」

に拠ったもの。このころの、春雨と梅雨のあいだの長雨を卯の花腐《くた》しという。

なお、陰暦五月は、皐月《さつき》、橘月《たちばなづき》、五月雨月《さみだれづき》、同六月は、水無月《みなづき》、風待ち月、常夏月《とこなつづき》という。

右近の橘

橘《たちばな》は実のことをいい、季語としては秋になるが、花《はな》橘《たちばな》は夏のもの。五月から六月にかけて清楚な白色五弁の花を咲かせ、芳香をただよわせる。橘は実より花と香りを愛でるもの。甘美な追憶の香りとされている。御所の紫宸殿に左近の桜とともに植えられている。

「かへりこぬ　昔を今と　おもひねの　夢の枕に　にほふたちばな」（式子内親王）。

夏木立

初夏の明るい空にさそわれて京都御苑を訪れると、木々はすっかり夏木の装いで、緑陰を濃くしている。東にみる山々も緑が深い。

御苑から今出川通を東へ、河原町通を左に折れて賀茂川の橋を渡ると、下鴨神社の糺《ただす》の森の鬱蒼とした夏木立のなかに入る。木洩れ日が土の道に斑《まだら》模様を描いて、炎夏の京都はもう間近に迫っている。

麦秋

「苔寺へゆく道問ふや麦の秋」渋沢渋亭の句。

麦の刈り入れどき、初夏のころを麦秋《むぎあき》（ばくしゅうとも）、または麦の秋と季語にあり、麦畑の黄色と夏雲の白さの対比がまぶしい季節である。

街なかを離れ、洛西や洛南の地を車で走ると、京都にもまだそこかしこに田園風景がひろがる。

この時期、奈良県境に位置する浄瑠璃寺《じょうるりじ》や岩船寺《がんせんじ》、海住山寺《かいじゅうせんじ》といった遠方の古刹を訪ねてみると、途中の車窓に広がる田園風景とあわせて古寺めぐりの情緒が高まる。

更衣

更衣《ころもがえ》は夏の季語にあり、「夏立つ」ころ。通学途中の女子生徒の制服の色が白っぽく軽やかになる。欧米人の観光客はTシャツ一枚と半ズボンで歩いている。

現代は六月一日、むかしは、陰暦四月一日と十月一日（後の更衣という）が衣更の日で、衣裳を夏衣裳、冬衣裳にかえて、寒暑は下着で調節した。

也有の句、「夏立つや衣桁にかはる風の色」はいかにもこの季節を詠むが、「衣更て座つて見てもひとりかな」の一茶の句もおかしみがあっていい。

競べ馬

五月五日、上賀茂神社の参道でおこなわれる「賀茂競馬」が有名だが、伏見区の藤森神社でも同日に「駈馬《かけうま》神事」が催される。かつて旧暦の五月五日（いまでは六月初め）、馬に乗って鹿を追い、また、野草を採集して薬とし、梅雨や猛暑に備えたことの名残である。

葵祭

斎王代に選ばれる京美人がまず話題になる。

そして、五月十五日に、王朝衣裳に身を包んだ行列が、牛車とともに京都御所を出発して、下鴨神社をへて、上賀茂神社に向かい、それぞれの社で神事をおこなう。午後は逆に賀茂川の堤を下り御所に戻る。古くは旧暦の四月二十三日ごろおこなわれ、ただ「祭」といえばこの葵《あおい》祭（賀茂祭）をさした。

貴船祭

洛北の鞍馬と貴船も六月になると夏の兆しにあふれる。

そんな六月一日、別名「虎《いた》杖祭《どりまつり》」と呼ばれる貴船神社の祭礼がおこなわれる。かつて参詣人が周辺のイタドリを採って、その大きさや収量を競ったことによる。古くは四月と十一月の一日におこなわれ「御更衣祭《ごこういさい》」といい、四月をとくに虎杖祭といった。貴船神社の奥院では子どもたちが船形石を「おせんどんどん」といいながら回り、成長祈願をする。

「鞍馬路を貴船へ折れて祭かな」は草間時彦の句。

県祭

別名を「暗闇《くらやみ》祭」という。宇治県《あがた》神社の例祭で六月五日から六日にかけておこなわれる。

六日午前一時、宇治神社の御旅所から八尺八節の竹に奉書紙を約一六〇〇枚束ねた「梵天《ぼんてん》」と呼ぶ御幣神輿が出発して県神社にむかう。途中、宇治橋の西詰で梵天回しをおこなう。

沿道の燈火や家の灯りは物忌みの意をあらわして、すべて消されて、暗闇のなかを行列は進む。初夏の真夜中のこと、かつては淫靡な雰囲気があったという。

鞍馬の竹伐

鞍馬寺の中興の祖、峯延《ぶえん》上人が修行中に大蛇におそわれたが、法力でその大蛇をバラバラに切ったという故事にもとづく行事。

鞍馬法師に扮した地元の仲間衆が近江座《おうみざ》、丹波座《たんばざ》に分かれ、長さ四メートル、直径十センチの青竹を伐《き》る速さを競う神事である。

近江座が勝てば近江地方が、丹波座が勝てば丹波地方が豊作になる、と農事の占いとする。六月二十日におこなわれる。

夏越の祓

陰暦の六月晦日《みそか》と十二月晦日に、普段の生活の罪や汚れを祓いきよめることを大祓《おおはらえ》という。

六月を夏越《なごし》の祓といい、十二月を年越の祓と称する。

市中の各神社では茅萱《ちがや》を輪状に編んで大きな「茅の輪」をつくり、参拝者がそれをくぐってお祓いをする茅の輪くぐりがおこなわれる。

上賀茂神社では、名前と年齢を書いた形代を小川に流す神事もおこなわれる。

また、この時期、京都の人はとくに水無月《みなづき》という和菓子を好んで食べる。

水無月

上記の水無月菓子のこと。

冬のあいだに氷をつくって貯蔵する所を氷室《ひむろ》といい、陰暦の六月一日、宮中ではそれを臣下に配った。これを口にすると夏痩せしないといわれ、この日を氷の朔日、氷の節句といった。

水無月は、これにならったもので、氷に見立てた三角形のしんこのうえに小豆を散らす。六月三十日、夏越の祓の日に食べる初夏の和菓子。

紫の季節

高貴な色、紫の花といえば、五月初めから見ごろをむかえる宇治の平等院の藤が美しい。

藤は岡崎公園の京都市美術館東庭や日野誕生院のものもいいが、市中には少ない。

貴船やさらに北の山道をいくと雑木林のなかに山藤を見かける。

また、上賀茂神社の摂社大田神社の杜若《かきつばた》は五月中旬からがみごろとなる。大田の沢の群落は天然記念物である。藤は淡い紫を、杜若は濃い紫をみせて、初夏の京都は紫の季節となる。

紫陽花の寺社

七変化、または八仙花ともいわれ、紫陽花《あじさい》は花の色が変わっていくことが特徴で、京都の湿っぽい梅雨どきをなぐさめるかのように咲く。伏見区の藤森神社や宇治近くの三室戸寺の境内にはアジサイ苑があり、多くの人がその彩りを楽しみに訪れる。また、大原三千院の山際に群れる姿も見事だ。祇園の白川沿いにも小株がある。

「あぢさゐの　花に心を　残しけん　人の行方も　白川の水」。谷崎潤一郎が、お茶屋大友の女将磯田多佳女をしのんでの歌である。

梅雨寒

六月も十日をすぎると、空はだんだんと雲が厚くなってくる。盆地の梅雨どきは風が凪《な》いで、よけいじめじめする。

京都の年間降水量の約三割は梅雨の時期のものといい、長雨で寒さがもどることを梅《つ》雨寒《ゆざむ》という。

こんな日は水上勉氏の随筆にあるように、坪庭に降る雨をじっと眺めて暮らすのがいいかもしれない……。

鮎の味

六月一日に川魚の王様である鮎の漁が解禁され、この日を待ち兼ねた太公望たちは、桂川や鴨川の上流に釣り糸をたらす。

京都では、かつて桂川の鮎が最上とされ、近世まで、桂《かつら》女《め》と呼ばれる行商の女性たちが市中に鮎を売りにきた。

塩焼きにして蓼酢《たでず》で食べたり、鮎ずしや鮎なますにしたりする。香魚といわれ、独特の香味があり、ほどよい苦みとともに京都の初夏を代表する味である。

「ならべられつゝ口動く鮎を買ふ」（阿波野青畝）。

床

川床とも納涼床とも呼ぶが、京都ではたんに「床《ゆか》」。

江戸時代から四条河原は、芝居小屋や祇園町の賑わいとともに人びとがあつまり、夏には、水茶屋の床几《しょうぎ》が川のなかに置かれ、涼を取りながら酒を酌み交わすようになった。

今日の「床」は三条から四条を中心に西岸の傍流みそそぎ川をまたぐように河岸の店が高床を張り座敷とする。工事は四月中頃からおこなわれ、五月には早々と開業する。

また貴船川にも川床があり、鮎料理などが供される。

夏向きに建てる

「家の作りやうは、夏をむねとすべし。冬はいかなる所にも住まる。暑きころ、わろき住居は堪へがたき事なり」

と吉田兼好は『徒然草』で述べる。

京都の夏の暑さは厳しい。そして、京都の風は南北に吹くことが多く、さらに強い西日を避けるためにも、表を南に、裏を北に向けて建てるのが最良とされ、そんな家を建てて、親を住まわせる子どもは親孝行な子といわれる。

丹波太郎

赫々《かくかく》とした強い陽射しが大地を燃やし、さかんな上昇気流によって夏雲の積乱雲が生じる。

真っ青な空とむくむくと湧き上がる白い入道雲は自然が描く盛夏の大絵画である。

このダイナミックな雲の峰、とくに京都の北の丹波地方で発生した積乱雲は、京都盆地を見下ろすように愛宕山の空に高々と立ち上がり、ときに激しい雷鳴をとどろかす。

そんな雷雲を京都の人は「丹波太郎」と呼んだが、このごろはそんな豪快な入道雲にはとんとお目にかからない。

夏日影

炎天下の京の大路を歩くことはいかにも耐えがたい。大きな交差点でもビルの影で信号がかわるのを待つ。少しでも日陰を求めて汗をぬぐう。陽炎に遠くの道が揺れ、緑陰を求めればクマゼミの大合唱がうるさいほどである。片陰《かたかげ》という言葉は、強い午後の陽光と日陰のコントラストをあらわす。

「旅人に慈悲の片蔭築地塀」（雨宮昌吉）。

風死す

一九九四年（平成六）八月八日、京都の気温は三九・八度に達した。

ちなみに全国の第一位は、二〇〇七年（平成十九）八月十六日に埼玉県熊谷と岐阜県多治見で観測された四〇・九度であった。

風がピタッとやんで、炎気が空から一層一層と盆地の街に積み重なっていくようだ。

強い西日に地面も焼ける

夏霞

季語では、霞《かすみ》は春、霧《きり》は秋となる。

三条や四条の大橋から鴨川をへだてて、いつもは樹枝のそよぎまで見えるかのような間近な東山も夏霞に煙るときがある。

そんな朝はすでに、じっとりと汗ばんで、日中の暑さにうだることになる。嵯峨野や嵐山のけしきも朦朧としたベールをかぶる。

祇園祭

梅雨が明けた夏の強い陽射しのなかで、京都最大の祭がはじまる。

と書きたいところだが、二つの点で少しばかり異をとなえたい。

七月一日の神事始めの吉符《きっぷ》入りから七月二十九日の神事済奉告祭までの約一カ月を、祇園祭と総称する。そのため、はじめのころはまだ雨催いの空もようで、カラッと晴れたりしないことが多い。

また、祇園祭のクライマックスである山鉾巡行の十七日も小雨が降ったり曇ったりすることもある。

祇園会、または祇園御霊会とも呼ばれるこの祭は、平安時代、洪水などにより疫病が流行し、その退散を願ったことがもともとの発祥で、以来、京都の「民」の祭として盛り上がってきた。

そんな祭にかける市中の人びとの心意気が季節の鮮明な場面転換を求め、「カッと照りつける夏の光」のなかでのオープニングとついつい書いてしまうのである。

宵山

七月十六日、翌日のクライマックス山鉾巡行をひかえ、京都の人びとの興奮は夏夜の熱気とともに高まる。

灯の入った駒形提灯、鉾のうえからお囃《はや》し衆が奏でる「コンチキチン」の祇園囃子。山鉾町の通りは大勢の人出で埋まり身動きがとれない。

また、十五日も宵々山といって、すでに祭は佳境に入っている。

「南北の夜《よ》の通風《つうふう》に祇園囃子」

「洛中のいづこにゐても祇園囃子」

はいずれも山口誓子の句。

山鉾巡行

祇園祭の最大のイベントが、三十数基（年によって変動する）の山と鉾《ほこ》による市街巡行である。

山は人がかつぐ神輿のようなもの、鉾は大きな車輪のついた山車《だし》と思っていい。

七月十七日、午前九時、疫病邪悪をはらう長刀《なぎなた》を立て、生《いき》稚児《ちご》を乗せた長刀鉾を先頭に、各山鉾が四条通を東行しはじめ、鉾が勇壮な辻回しをおこないながら、順列して市中を巡行するのである（コースは四条通、河原町通、御池通、新町通）。通りの両脇には見物客が爪先立ちして眺めている。

とくに、市役所前から御池通の両脇には有料の観覧席が設けられている（事前予約）。

鱧

祇園祭を鱧祭《はもまつり》というように、梅雨の明けたころの瀬戸内産のものがとびきりおいしいという。

鱧は強靱で、海から遠い夏の京都へ運んでも、弱らなかった。かつて生魚の届かない京都では大切な海の幸で、小骨が多いため「骨きり」をして、洗いや湯引き、照焼き、吸物などさまざまに料理されて食された。

古くから京都に住んでいる人たちは、あまり避暑や避寒によその地へ出かけるという習慣をもたないようだ。

祇園祭で七月がすぎ、愛宕さんの千日詣があって、先祖を供養する万灯会《まんどうえ》があり、六道詣をして、盆の迎え火をたき、八月十六日は五山の送り火である。そして二十日をすぎるころから子どもたちは地蔵盆となる。

油照り

夏はこれらの行事に忙しく、肌にべっとりとからみつく油照りの猛暑のなか、それでも京都人はみな〝大好き〟な京都にいるのである。

西日の矢

京都の市中は、「夏向きに建てた」南北方向に表と裏を位置した家はともかく、西に窓をもつ家や店先を開く商店には、まるで矢のような西日が射す。

その西日の矢は強烈な炎気をもたらし、街を西に向かって歩く人の顔はしわの一筋、化粧の跡までくっきりと西日にうつしだされる。

西山に沈むギラギラと朱色に輝く太陽が建物のガラスに反射して思わず目を伏せる。

東京などにくらべて、それほど高い建物がないせいか、条坊制の街区によって東西の直線路が多いせいか、たしかに西日の光はじつに強く、しかもまともに射してくる。

雷響

京都の夏は、街なかでもしばしば雷鳴を聞く。東京や大阪ほど高い建物が林立していないせいか、厳《いか》つ霊《ち》の神が盆地の低空で縦横無尽にあばれているような感じである。雷が鳴ったすぐあとに激しく雨が降り、一瞬のうちに道に水があふれる。

とくによけるもののない鴨川の橋を渡るときなど、身のちぢむ思いがする。

夏の果て

京都に多いクマゼミの大合唱がいくらか勢いを弱める夏の果てのころ、鴨川の橋から眺める東山も北山もしだいに澄んで見えるようになる。

しかし、家々の軒下を歩けば、まだ熱気がこもっている。

そして、祇園祭の余韻からまだ覚めないうちに、五山の送り火の話になる。

そんなとき京都の人は、今年の夏も暑かったな、といいつつ、多少とも寂莫の思いにかられるようだ。

「底冷え」のときは油照りを、炎熱の日には風花の舞う冷やかな風景を懐かしむ。

盛夏の嵐山と渡月橋

行合の空

寝苦しかった夏の夜も少し人ごこちつく土用半ばに、はや秋の涼風の吹くころのことを、「夜の秋」と俳人はいう。西山の残光が消え、薄藍の空を小路の軒上に見ながら、ほっとして家路につく季節のかわり目である。そもそも京都の気候は市中いちようではない。冬なれば四条大橋に風花が舞うとき、北大路あたりは細雪だろうし、北山は本格的に雪になっている。夏も同様に四条河原町や京都駅付近はうだるような暑さでも、上賀茂神社のせせらぎや愛宕の清滝の渓流には涼気が吹く。

聖徳太子とか弘法大師の足跡はいたるところにあって、超人的な日々を送っていたようだ。

胡瓜封じ

病気にかかった人は胡瓜《きゅうり》で身体をなでて、その病気を胡瓜に封じ込め、土に埋めるか川に流すかすれば治癒するという言い伝えが右京区の蓮華《れんげ》寺《じ》に遺っている。

これも弘法大師空海が説いたものといい、祈願者は胡瓜に氏名、年齢、病気名を書き、祈祷を受ける。

土用の丑の日と、その前後に、西賀茂の神光院《じんこういん》でもおこなわれる。

御手洗祭

これも土用の丑の日におこなわれる祭で、下鴨神社境内の御手洗《みたらい》池に素足をひたして悪疫からのがれ、罪やけがれを洗い流すとされた禊《みそぎ》の風習である。

下鴨神社の末社「御手洗社」の祭神は、瀬織津《せおりつ》姫という、人のけがれを海に流す女神で、そのご利益にあやかろうと、とくに子ども連れの家族が多く訪れる。

八朔

八朔《はっさく》、八月一日は、古くは、たのみ（田の実）の節といい、転じて、つね日頃、たのみ（頼み）とする人、主人方や師匠連に贈り物をする行事となった。

祇園町では正装した芸妓や舞妓がお茶屋の女将や習いごとの師匠連中にあいさつしてまわる。

江戸の吉原では昔、この日に遊女が全員白無垢を着るのでそれを「八朔の雪」と称した。

陶器祭

八月七日から十日まで、五条坂界隈で大規模におこなわれる陶器市。近くの六道珍皇寺の精霊会に参詣する人びとを目当てに大正の初期に夜店を開いたのがはじまりで、いまや京都人だけでなく遠方からの買物客で雑踏する。

また、大報恩寺の境内でも開催される。五条坂下の若宮八幡宮は陶祖大神を祀り、八日に大祭をおこなう。

六道詣

衆生が来世におもむくとき、前世の業により、地獄、餓鬼、畜生、修羅、人間、天上の六つの道に分けられるという。鳥《とり》辺山《べやま》は京の葬送地のひとつで、盆に冥途から帰ってくる精霊たちは、麓の六道珍皇寺付近の六道の辻を通るとされ、八月七日から十日（もとは陰暦の七月九日、十日）にかけて京都人は、同寺に参詣して「迎鐘《むかえがね》」をつき、先祖を迎えるのである。

平安の奇才小野篁《たかむら》はこの寺の境内の井戸から冥府と現世を行き来したという。千本閻魔堂（引接寺《いんじょうじ》）や千本釈迦堂（大報恩寺）でもおこなわれる。

お精霊さん

七月に祇園祭で御霊祓いをしたあと、こんどは京都の街は先祖供養の行事の街にかわる。

家では仏壇が清められ、墓を掃除して十万億土から戻る精霊《しょうらい》を迎える準備をする。六道詣でもとめた槙《まき》や樒《しきみ》の枝を棚におさめ、家のかど（表）を掃き、打水をして夕刻には迎え火をたく。

八月十三日に迎えて十六日ころ送る。

家の年寄りが準備に忙しいなか、浴衣姿の幼い子がそのまわりをうろちょろするのもこの時期の光景である。

万灯会

盆のお精霊さん迎えとして万灯会《まんとうえ》をおこなう。よく知られているのが、八月八日から十日の六波羅蜜寺の大の字形の燭台に土器《かわらけ》の皿を置き、菜種油に火をともす万灯供養である。大の字は地、水、火、風、空をあらわす。

　また、東大谷墓地でも十四日から十六日にかけて広い山の斜面に万灯を献じる。涼しい夜の墓参となる。

松明上げ

この松明《まつ》上《あ》げは愛宕信仰のひとつである。火の用心、さらに五穀豊穣の祈願、それに盆の精霊送りが重なった火の祭となる。

花背《はなせ》（左京区）では八月十五日、雲ケ畑《くもがはた》・広河原《ひろがわら》では二十四日におこなわれる。

　松明上げの祭事は、高さ約二〇メートルの「灯籠木《とろぎ》」と呼ぶ檜丸太の先端に竹の笠をとりつけて、そのなかに杉葉を入れて立てておき、夜、古老の合図で参加者はいっせいに松明に点火して丸太の先をめがけ投げ上げて笠に点火するもの。

五山の送り火

はじまりは室町時代といわれる。盂蘭盆会《うらぼんえ》、お精霊さん迎えがすむと、再び冥途に帰る霊を送る行事がおこなわれる。

　八月十六日、京都の五つの山に送り火がくっきりと浮かび上がる。

「大」をはじめ、「妙法」「左大文字」「船形」「鳥居形」の送り火もある。

　祇園祭は下京の人たちの祭事で、五山の送り火は上京の人たちの祭事であるということをいう人もいる。

　なお、「大文字焼き」というとお好み焼きじゃない！と京都の人におこられる。

四季

秋のキーワード

「月がとってもあおいから」ふたりは遠回りして帰る。と古い歌謡曲にある。

清少納言も、十五夜の「月のいと明かき」に女房らが十五、六人あつまって、「歩きて見む」と月見をするようすを記しているし（『枕草子』第二百五十五段）、吉田兼好も、

「よろづのことは、月見るにこそ、慰むるものなれ」

と『徒然草』（第二十一段）でいう。

詩歌、俳諧では「月」といえば秋の月をさし、ひとの心を映す情緒的なものとしてとらえる。日本人の物思う気分を月に託してきた。

京都は桜にしても、紅葉にしても、月見にしても名所が多いという。ただ、桜、紅葉、名月は全国各地どこにいても見られるものなのに、とくに京都というのも正直おかしいわけで、それは「京ブランド」の一種にすぎない。

京都御苑からみる東山の山稜にかかる月がいい、といってもそれは、「京都御苑」「東山」があってのこと。大覚寺大沢池の「観月の夕べ」とておなじことで、嵯峨野の竹林の間から見る月も、東寺の五重塔の相輪にひかる月も、将軍塚にのぼり、京都盆地を上空から照らす満月も、古刹、旧蹟といった場所と背景があっての付加価値つきの「名月」なのだ。

とはいっても、やはりこれらの「お月さん」はたしかに美しかった。

文披月

陰暦七月の別称で、七夕に供える書や文を披《ひら》くことから文披月《ふみひらきづき》という。

このほかに、文月《ふみづき》、七夕月《たなばたづき》、女郎花月《おみなえしづき》、涼月《りょうげつ》、親月《しんげつ》などと呼ぶ。

陽暦では、八月上旬から九月上旬のころ。

また、陰暦八月は、葉月《はづき》、月見月《つきみづき》、木染月《こそめづき》、紅染月《べにぞめづき》、萩月、燕去月、雁来月などともいう。

さらに陰暦九月は、長月《ながつき》、菊月《きくづき》、色どる月、寝覚月、稲《いね》刈月《かりづき》という。

秋暑し

「茶屋の灯のげそりと暑さ減りにけり」一茶。

「秋暑し」は残暑、秋暑ともいう。夕刻にカナカナと蜩《ひぐらし》の声は聞こえて、秋のはじまりは感じるものの、京都の暑さは暦の通りに素直には立ち去ってはくれない。西日の射す街なかをまだ片陰を求めて歩く人が多いころだ。

「暑さ寒さも彼岸まで」といわれるように、春分、秋分の日を中日とした前後七日間の彼岸のころには寒暑がしのぎやすくなる。これは実感するところだ。ただ、もうひとつの意味として、暑さや寒さなど現世の苦しみは、彼岸に渡れば、もう感じなくなるものだという教えととらえることもできる。

秋高し

晩夏のもやっとした空気が日一日と澄んできて、東山の間近な山容も、北山の奥行のある峰々も、メガネの曇りをふいたように鮮明に見えてくる。京都御苑や賀茂川の河原、市中の大路から見上げる秋の空は青く高い。

色なき風

古代中国の五行思想は木、火、土、金、水の五つを宇宙万物の基本構成と考え、色では、青、赤、黄、白、黒があてられ、さらに白は秋とされている。

季語でも秋は、白秋《はくしゅう》、白《はく》帝《てい》、また金秋《きんしゅう》と使われる。秋の風は、白色の色のない風といい、素風、金風とも呼ばれている。

「物思へば　色なき風も　なかりけり　身にしむ秋の　心ならひに」（久我太政大臣）。

たしかにひんやりした秋の風はすがすがしい無欲な気分に浸れるようだ。

秋の日

「白壁の日はうはつらに秋よさて」

は、路通の名句。

秋はとくに午後の陽射しに哀感があって、門跡寺院の白い筋塀に木の影を映したり、下校時刻、坂を下りる生徒の影を長く引いたりして、つるべ落としに暮れてゆく。

寺社の参詣客も閉門時間がせまり、あわただしい様子をみせるころだ。

菊日和

秋の好日、おだやかでよく晴れた日のことを菊の香りがただようかのようで、菊日和と称する。

十月中旬から十一月中旬のころ府立植物園や二条城で愛好家が丹精を込めた菊花の展示会がおこなわれる。

築地塀に初秋の陽が射す（大徳寺）

嵯峨菊

十月の中ごろから町家や商家のおもてに、茶筅を立てたような細い色とりどりの花びらをもつ、直立した細い菊を見かけることがある。この独特な形の菊を嵯峨菊といい、嵯峨の大覚寺のものが有名である。上、中、下段の花の数が三・五・七と決められているというが、それは戦後にいわれたことらしい。

嵯峨菊

菊の節供

陰暦九月九日は、正月七日、三月三日、五月五日、七月七日とともに五節供《ごせっく》のひとつ。陽数の九が重なるので重九《ちょうきゅう》、重陽《ちょうよう》の節供ともいい、宮中では重陽の宴が催され、延命長寿に効用があるという菊酒を臣下に賜った。嵐山の法輪寺では同日、重陽の菊花祭が開かれ、菊酒がふるまわれる。

しかし、ほかの節供ほど民間ではなじみが薄い。

菊枕

九月九日（重陽の日）に菊の花を摘んで、陰干しして乾燥させて枕に詰める。

幽人《ゆうじん》枕ともいって、邪気を祓い、不老不死の効があるという。

いわば、いまでいうハーブ的な効用であろう。

司馬遼太郎の『竜馬がゆく』に竜馬の恋人おりょうが寺田屋の庭の菊を摘んで菊枕をつくる場面がある。しかし、これは司馬氏のフィクションであり、それを史実とまねて書く人がいて困ると本人が述べている（『司馬遼太郎という人』文春新書）。

萩の花

涼やかな風になびく秋の七草――萩、尾花（芒）、葛、撫子、女郎花、藤袴、桔梗。なかでもひときわ目を引くのが、萩である。

この萩の名所として東山の高台寺や鷹峯《たかがみね》の光悦寺が知られており、光悦寺の境内にある竹を斜めに組んだ「光悦垣」にもよく似合う。

また、御所の東側の梨木《なしのき》神社では九月の第三日曜日に萩祭が開かれ、境内に見ごろとなった白や薄紅色の約千本の萩が咲く。

「黄昏や萩に鼬《いたち》の高台寺」

と蕪村は詠む。

秋の色

夕日に輝く芒《すすき》の銀の色、陽光を透過する銀杏の黄朽葉、そして蔦《つた》や楓の紅葉。

秋は植物の色が自在に移ろってゆく。まだ寒くならないうちに遠出して、洛外の風景をみておこうか、と思う。

虫すだく

万葉の時代は秋に鳴く虫をすべてコオロギといったというから、文明が進むことは分類が進むことかもしれない。

平安朝の貴人たちは鳴き声にあわせて名をつけ、虫合せといって声のよしあしをくらべあい、虫の声を聴きに嵯峨野など郊外に足をのばしたそうだ。

夜長

春の日永《ひなが》、秋の夜長《よなが》という。夏の短夜にくらべ、めっきり夜が長くなったと思うが、実際にもっとも夜が長いのは、冬至前後である。秋小寒《あきこさむ》といって、朝夕に肌寒さをおぼえるころになる。

月見

十五夜の月、中秋の満月である。陰暦の八月十五日の名月と九月十三日の十三夜の月、二夜の月また後《のち》の月という少し欠けた月を賞すること。かつて月見ほど秋の行事として知られるものはなかったが、昨今、「月見にいこう」とは死語のようだ。

名月

陰暦八月十五日の夜の月、中秋の名月である。東山にかかる月が代表的な勝景だが、京都御苑を散歩して、御所の松の梢にかかる月のけしきもいいと思う。

「名月に鏡磨《と》ぐなり京の町」

（藤野古白）。

待宵

宇治川に架かる伏見の観月橋は、その名のとおり観月の名所であった。月は東山からのぼり、川面にその光が映る。待宵《まつよい》は陰暦八月十四日の宵のことである。明日の夜の十五夜の天気が心配で、とりあえず今夜の月を愛でておこうとするもの。

嵯峨二尊院の紅葉

初紅葉

京都で、もうかれこれ十年以上仕事をしていると、紅葉の見ごろはいつごろか、とはやばや尋ねてくる関東の知人が多い。宿の手配があって京在者の予測を求めるのだろう。

答えていても、旅の人は、たいがい見ごろより早く京都においでになる。

山では桜や櫨《はぜ》が染まっても、京の紅葉の代表である楓《かえで》の色づきは意外に遅いようで、十一月の中旬でもまだ早いかも知れない。

こちらだって、絶好のタイミングで京都各地の紅葉にまだ出合っていない。年々色が冴えなくなっている気がするのだけど……。

山粧う

春の青葉若葉が山容をよみがえらせるのを

「山笑う」

といい、黄葉紅葉に彩るのを

「山粧《よそお》う」

という。

三尾《さんび》の薄化粧からはじまり、嵐山、東山、西山と秋の深まりとともに紅黄の葉色の粧いは濃くなる。

あまり贅沢を望まず、洛中の各寺社に一樹ずつ紅葉を訪ねるのも風趣である。

秋はもみじの……

寺のキャッチフレーズとして「秋はもみじの永観堂《えいかんどう》」ともいい、また、「秋はもみじの真如堂《しんにょどう》」ともいう。

いずれも左京区の東山の山裾にある古刹。堂宇と紅葉の取り合せがまことに絵になるほど見事である。しかし、たいへんな人混みを覚悟されたい（早朝ならいい）。

筆者のおすすめは東山の安楽寺、山科の毘沙門堂、西賀茂の正伝寺、西京区山田の浄住寺である。

それぞれ、日本画の小品のような紅葉風景で、錦秋の大作を望む方にはすすめない。

雑木紅葉

櫨《はぜ》紅葉とか銀杏黄葉とか柿紅葉のように黄葉紅葉の美しい木には名木紅葉として名がつくが、雑木林や山間の道の両脇をなんの木ということなく秋色に染める場合などを、「雑木紅葉《ぞうきもみじ》」という。

山に近い盆地だから京の山々は人の手の入った杉林が多いが、ところどころ雑木林があって、晩秋は色彩の美しさに酔いながら、北山や西山の山中の道では絶好な一、二時間のドライブが楽しめる。

山道の運転の上手な方だけにおすすめする。ひとつは小塩山の金蔵寺への道、もうひとつは貴船の奥社から芦生への狭く曲りくねった山道。

野分

秋、野の草を分けるように吹く強い風、台風のことを野分といった。

京都は盆地なので、台風がやってきても大きな被害を被ることは少ない。

ただ一九三四年（昭和九）の室戸台風の被害は甚大で、九月二十一日朝から暴風雨となり、死者二三〇〇人以上、四〇〇〇以上の家屋が倒れ、寺社も数多くに被害がおよんだ。最大瞬間風速は四二・一メートル。

川霧

宇治の里は、東と南に山をみる山懐の地にあり、南東から流れくる宇治川に川霧が立つ幻想的な景色で知られる。霧の発生する地形は茶の栽培に適している。

「宇治川や朝霧立ちて伏見山」（鬼貫）。

錆鮎

子をもった鮎は川を下り、産卵して海に入り、年魚として一年の寿命を終える。落鮎《おちあゆ》とも、渋鮎《しぶあゆ》ともいう下り鮎は、背は黒で腹は赤く鉄錆色になる。そんな錆鮎の落ちてゆく川面に時雨が降りかかる。

霧時雨

おそい秋の一日、山里の大原や鞍馬の道を歩いていると、冷気がおりて、霧雨とも霧ともつかぬ細かい霧時雨《しぐれ》に出合うことがある。

傘をさすほどではないと、足早に目的の寺社を訪れ、帰路につくころの道はしっとりと濡れていたりする。

わたしが京都の六百あまりの寺社をめぐり歩いたとき、天候の安定しない時期は、二つのものを用意していた。ひとつは安い携帯用のビニールのレインコート、もうひとつは少し大きめの日本手拭。降り出していないとき傘は邪魔だし、タオルは水を含むと重くなり、絞りにくいから。

北山時雨

季語としては時雨は冬のものだが、冷寒の厳しい京都では晩秋のけしきといっていい。北山の山襞で降り残した雨が盆地の縁《ふち》で時雨になる。洛西にいて丸太町通より北を見ると、山際が時雨れている様子が見える。

水上勉氏の『片しぐれの記』という名随筆にその光景が美しく描かれる。

秋の虹

出掛けようと思ったら、さっと狭い範囲に時雨が降った。小一時をへて、午後の陽が斜光線で射す。もといた方角に夏の虹とちがって弱々しく短時間の七彩が浮かぶ。ちょっと隣の人に教えたい気持ちになる。

秋扇

秋扇のほか、同じように秋団扇とか秋簾《すだれ》ということばがあって、それぞれ忘れ扇とか捨て団扇、簾の名残などという。晩夏の形見だろうが、扇面の汚れた団扇が部屋の棚にあったりする。

秋の燈

「秋の燈のほつりほつりと京の端」は日野草城の句。

三条や四条の賑わいを離れて、洛西なり洛南の旧街道筋にもぽつんと軒燈をともす居酒屋があり、馴染みの客がいつものようにいる。

灯はあかあかと燃えさかる火の意で、燈はともしびのこと。秋の灯ではいけないといわれた。

秋麗

空高く刷毛でひいたような薄い雲があり、陽射しも夏の射るような強さはなく、しだいにおだやかな秋の気配が濃くなってくる。

京都のこのような初秋のころは、寺社をめぐり歩く絶好の季節で、足をのばして洛北や洛南の古刹に赴きたい。

洛北であれば、大原の寺やその先の阿弥陀寺、また鞍馬寺など。洛南であれば上醍醐に登るのもいい。

石清水祭

京都市の南、八幡市の男山《おとこやま》山頂にある石清水《いわしみず》八幡宮で九月十五日におこなわれる祭。

石清水放生会《ほうじょうえ》ともいう。

未明、山頂から奉仕人らが平安装束をまとって山を降り、頓宮《とんぐう》で神儀を営み、子どもたちが胡蝶舞を舞う。魚や小鳥を放つ放生会をおこなう。葵祭、春日祭（奈良）とともに三大勅祭である。

瑞饋祭

北野天満宮の秋の大祭。瑞《ずい》饋《き》（芋茎）とは、里芋の茎のことで、その茎で屋根を葺いた神輿がよびもの。神輿のまわりも野菜や果実で飾りつけられる。農事の豊穣を祈る祭で、十月一日から五日までおこなわれる。

祇園甲部歌舞練場

温習会

祇園の芸妓・舞妓が日ごろの修練の芸を丹念におさらいする会。

華やかな春の「都をどり」とは趣をちがえて、しっとりした舞台を好む人も多い。

十月上旬、祇園甲部歌舞練場で催される。

時代祭

十月二十二日は昼は時代祭、夜は鞍馬の火祭と、有名な祭がおこなわれ、いそがしい一日である。

時代祭は、一八九五年（明治二十八）の平安遷都千百年の事業としてはじまったもので、平安時代から明治までの時代風俗衣裳を身にまとった行列が市中を歩く。

行列行進の順路は、平安神宮から丸太町通、烏丸通、御池通、河原町通、三条通、神宮道で平安神宮に戻る。

葵祭もそうだが、この行列には大勢の学生アルバイトが動員されるので、時代衣裳をまとった同級生に沿道からさかんにひやかしの声がかかる。これも学生の街京都らしい光景だ。

鞍馬の火祭

十月二十二日の夜にはじまる鞍馬山由岐《ゆき》神社の勇壮な火の祭礼。鞍馬の里の少年たちが、まず一、二メートルの松明を背に町内を練り歩き、やがて屈強な若者たちが、長さ約五メートル、重さ五〇キロあまりの燃えさかる大松明をかつぎ、火の粉を夜空に舞い上げながら石段を駈けおりる。

四季

冬のキーワード

わたしは鴨川のすぐ東に仕事場があるので、買い物や飲食のため、三条や四条の大橋を西に渡ることが頻繁で、そのつど必ずといっていいほど、北山の重畳たる山並の川上方向の景色をながめる。晴れていれば、青々とした山襞がくっきりとみえ、水面もきよらかで、寒暑にかかわらず気分はじつに爽やかになる。

冬の曇天の日に眺めれば、北山の峰は山《さん》靄《あい》でかすむ。灰色のベールをかぶっていて、ああ、北は雪が舞っているな、と周山街道沿いの集落のけしきや、通行止めになっただろう貴船から芹生への山道などを想像する。

四季の移ろいを感じるのも、このふたつの大橋からの景色で、人の流れにもそれはあって、春秋の観光シーズンの休日などは人の背を押すように渡らなければならない。

冬のこの橋のうえは川風が冷たく、わずかな距離でも全身に吹きつけるから、ビルの端から身を出して歩きはじめることを躊躇するくらいで、まして氷雨がふっていたりしたら、やはり「京の底冷え」を恨むことになる。

「きょうも、よう冷えますわ」

「ほんま、さぶいな」

うどん屋に入ってきた地元の老人が、温気で曇ったメガネを拭きながら、店主の老女と言葉をかわす。

京の底冷え

「足袋《たび》もはかず、あかぎれ足をちぢこまらせていたので、冷寒は足裏から骨をつたって頭のてっぺんまでつきぬけた。寒いというよりは痛かった。寺の床が高かったせいかもしれぬ。寝ていると庫裡《くり》の縁の下は風音がして地虫も啼《な》かず、ああ、またあしたも雪かと眠りつくまで霜焼け手をこすりあわせている」（『日本紀行』「京の冬」）。

　と、禅寺に小僧として入った故水上勉氏は愛憎さまざまに京都への思いを描く作家だから、京の寒さを痛いといい、その正鵠《せいこく》を語る。

　また、京に生まれ、京の街なかで暮らす文学者杉本秀太郎氏は、『続・洛中生息』で次のように市中の住まいの寒さを書く。

「古びた木造家屋に閉じこもって部屋を暖め、ストーブを身近に引き寄せていても、机の下の膝がしらからしんしんと冷える。夜の更けるにつれて、冷えがさらに一段と迫ってきて、おお寒う、今晩はよう冷えるな、と我知らず呟いている。必ずしも雪が降るから寒いというわけのものではなく、京の底冷えには、雪国の寒さよりも始末の悪いところがあるような気がする」

　京の底冷えについては両氏の名文につきよう。

愛宕おろし

「簪《かんざし》は　たまたま風に　ゆらめきぬ　愛宕おろしの　君にふく時」

　とは吉井勇の恋歌だが、これは比較的やさしい愛宕おろしのけしきである。

　本来の、西高東低の典型的な冬の気圧配置がもたらす地域的な寒風で、冷たい時雨や風花をともなって、京の冬本番を思わせるのが愛宕おろしといえる。

比叡おろし

再び、吉井勇の歌。

「比叡《ひえ》おろし　今日もまた吹く　舞姫の　恋やぶれよと云ふがごとくに」

をあげたが、比叡山は東西両面が急斜面で、そのせいか、強い風が京の街に滑りおりてくる。

今日もまた吹く、と歌われたように、比叡おろしは数日つづき、盆地の底をこれでもか、と冷たくする。とくに白川通の東側や八瀬あたりは額の位置に比叡山がそびえて、いちだんと冷たい風にさらされる。わたしも修学院離宮への坂道でブルブルとふるえた。

風花

空は晴れているのに、頬に冷たい小粒の雪があたる。冷たさと身のひきしまる感じが同居する京の冬の典型の気候だ。

「下京や風花遊ぶ鼻の先」

は沢木欣一の句。

「かざばな」というより濁らないで、「かざはな」というほうがいいようだ。

神無月

陰暦十月は、このほか時雨月、初霜月などと別称する。陽暦では十一月中旬の時候となる。

陰暦十一月は霜月、雪待月、神楽月《かぐらつき》、陰暦十二月は師走、これは今日でもよく使われる。

走る師とは、家々に読経して回るのに忙しい僧のことという。

短日

冬至の前後は、あっという間に、夕方五時にもなると、もうすっかり日が落ちて、寒夜を駅に急ぎ、手をこすりながら家路につくことになる。

京人は凍てる冬をひっそりと籠もり暮らしていた。

雪催いの空

「京まではまだ半空《なかぞら》や雪の雲」は芭蕉の句。

京への思いを秘めて、上洛の途上を足早に歩く俳聖の姿が浮かぶ名吟だ。後半生を京で暮らした蕪村ほどではないが、芭蕉、一茶にも京を詠んだ名句は多い。蕪村を含め、二、三紹介する。

木屋町の旅人訪ん雪の朝　蕪村

鷹さはぐ鳥羽の田づらや寒の雨　芭蕉

下京や紙打音も冬枯るる　一茶

冬ざれ

冬になることを「冬さる」といい、見渡すけしきが一様に冬枯れて、低い曇天の空が万物の色を奪ったように白っぽい色にかすれてしまう。三条や四条の大橋から北の方向を眺めると、まるで寒冷紗をかぶせたような山々の光景だ。

雪の桜

一九五四年（昭和二十九）に四一センチの積雪を記録したのが最高で、京都市中には、ひどく雪が積もるということはない。夜中に音が静まって、朝うっすらと雪化粧をしている。そんなとき、桜の木はまた花どきのような粧いをみせる。

名残の空

年の空とか名残の空というのは、大晦日の空のこと。はやばやと年越しの準備を終えた家もあり、まだ忙しく玄関を入ったり出たりしている家もある。せつろしい（あわただしい）日の夕暮れにふと見上げる空に人々は何を思うのか。

鉢叩き

十一月十三日の空也上人の忌日から四十八日間、空也堂の僧が念仏をとなえ、鉦または太鼓を叩きながら市中を巡ったことをいう。

「納豆きる音しばしまて鉢《はち》扣《たたき》」（芭蕉）。

寒念仏

寒行のひとつで、寒中も三十日間、念仏・題目を声高にとなえ、これも鉦や太鼓を叩きながら市中を歩く。地方では山里の村をめぐる。最近は、橋のたもとに立って念仏をとなえている僧の姿を季節をとわずよく見かける。

「施主多き祇園小路や寒念仏」（名和三幹竹）。

お十夜

浄土宗などの寺では、十一月五日から十四日まで（結願は十五日）十日十夜にわたって念仏法要がおこなわれる。とくに左京区の真如堂での法要が知られ、毎夜大鉦八丁が打ち鳴らされる。そして参詣者には十夜粥《じゅうやがゆ》がふるまわれる。

お火焚

十一月、神社や火を用いる仕事をしている家では、火を焚いて家内安全、無病息災を祈願する。新嘗祭《にいなめさい》の一種といわれる。とくに伏見稲荷大社の火焚祭《ひたきさい》（八日）が知られ、全国の信者から奉納された四十万本にもおよぶ火焚串が燃やされたあと、神楽と人長《じんちょう》舞《まい》が稲荷神に奉じられる。

顔見世

江戸時代の歌舞伎興行では、役者や狂言作者の契約は、十一月から翌年の十月までの一年契約で、十一月には新しい役者が舞台で名乗り口上をおこなう。これを顔見世《かおみせ》とか面《つら》見世といった。

今日、本来の意味はなくなったが、看板役者が出演し、京都南座では十二月（東京の歌舞伎座では十一月）が顔見世興行となる。

祇園の芸妓・舞妓衆による総見《そうけん》もあり、華やかに師走を彩る。

「顔見世の京に入日のあかあかと」（久保田万太郎）。

まねき上げ

十二月の顔見世興行に出演する役者名を独特の勘亭流《かんていりゅう》の文字で書き、そのたて長の看板を南座の入り口の上に掲げる。十一月二十五日ごろにおこなわれ、京の歳時記として冬の到来を告げる。

針供養

手芸、芸能の守り神である虚空蔵《こくうぞう》菩薩を祀る嵐山の法輪寺では、十二月八日、全国から持ち込まれた使用済みの針を供養する。厚さ七、八センチのこんにゃくに五色の糸を通した針を刺し、裁縫のいっそうの上達を願う。

百合鷗

百合鷗《ゆりかもめ》はみやこどり（都鳥）ともいう全長四〇センチほどの純白の鳥で、京都の冬、鴨川の風物詩である。

冬にシベリアから飛来してきて、京の川で遊ぶ。日がな川面にいて、夕刻、比叡山をめざし、琵琶湖に帰るという。

千枚漬

京の初冬の代表的な漬物。聖《しょう》護院《ごいん》蕪《かぶら》を鉋で薄く切り、塩をしたあと、昆布を入れた甘酢に漬けたもので、壬生菜をつけあわせる。八ッ橋、おたべと並んで京都の「輸出品」の稼ぎ頭。

酸茎

酸茎《すぐき》は蕪の一種で、先のほうが細くなっており、独得の酸味がある漬物になる。上賀茂神社の社家が、その邸内で栽培して漬けていたものが、明治時代になって、近くの農家へと移っていった。初冬に塩漬けにして、春になって食べていたが、やがて室に入れて、温度を高めて早く醗酵させるようになり、京の冬の食べ物となった。

大根焚き

十二月九、十日、右京区鳴滝の了徳寺《りょうとくじ》では約三千本の大根を焚いて参詣客に供する。中風除けに効能があるという。

もともとは親鸞上人に帰依した村人が、大根を焚いて差し上げたのがはじめという。七、八日には上京区の大報恩《だいほうおん》寺《じ》でも催される。

上人に供えるものは塩煮で、参詣者用は醤油煮である。

事始

事始《ことはじめ》とは、そもそもは十二月十三日に正月の準備をはじめることだが、いまは、京舞の井上流家元へ祇園の芸妓や舞妓があいさつにいくことが事始として通称されている。

師走の風物詩としてたびたびニュースにとりあげられる。

煤払

江戸幕府は十二月十三日を煤払の日と決めて、城内や民間でもいっせいに大掃除をしたという。

東西の本願寺では十二月二十日、僧侶や奉仕の人たちが煤竹で畳を叩き、その背後から大団扇をあおいで一年の煤を払う。これもまた京都の師走の風物詩である。

果ての二十日

果《は》ての月とは十二月のことで、十二月二十日は、むかし、罪人を処刑した日にあたり、正月用意とか歳暮のあいさつに外出することを嫌った。

また、西日本では山仕事にいくことを忌んだという。

終弘法

毎月二十一日は空海（弘法大師）の忌日で、東寺では御《み》影《え》供《く》法会をおこなうが、十二月は終弘法《しまい》として、境内の露店市は正月用品を求める人でいっそう賑わう。

同様に「終天神」は北野天満宮でおこなう祭神・菅原道真公の十二月二十五日の最後の縁日となり、ここも露店が多く並び、植木や正月の品々を買い求める人が大勢つめかける。

歳晩

歳晩《さいばん》は、十二月も押しつまっての年の暮れのこと。

京都では十三日から正月の支度をはじめる家も多く、そのころから大晦日にかけてのあわただしさがこのことばにこめられている。

おけら詣

大晦日から元旦の未明にかけて、八坂神社や北野天満宮で浄火を吉兆縄にいただいて消さないように家に持ち帰り、元日の雑煮づくりの火種とする。

おけらとは、キク科の植物名で、火にくべるとむかしから薬効があるとされて、おけら火とよんでいた。

火を移した縄をくるくる回しながら帰る様子がほほえましい歳晩の光景である。

寒椿

花の色のない冬の京都を歩いていて、たとえば嵯峨野の小路の竹垣の上などにハッとさせられるような赤い冬椿を見ることがある。淡く積もった雪の日など、赤色が映えていっそう鮮烈に見える。

参考図書

京都大事典（淡交社）
京都市の地名（平凡社）
仏教語大事典（小学館）
日本史広辞典（山川出版社）
日本大歳時記（講談社）
地名俳句歳時記　近畿Ⅰ（中央公論社）
徒然草（新潮日本古典集成）
枕草子（新潮日本古典集成）
京都歳時記（淡交社）
京都　林屋辰三郎（岩波新書）
新編水上勉全集　第三巻・第十四巻（中央公論社）
洛中生息　続洛中生息　杉本秀太郎（みすず書房）
京のことのは　吉岡幸雄・槇野修（幻冬舎）
京都の寺社５０５を歩く（上・下）　槇野修（ＰＨＰ新書）

あとがき

昭和四十八年（一九七三）に設立された紫紅社は、ながねんにわたって美術・工芸の本、それも専門的かつ豪華な書籍を出版してきた。最近は染色家吉岡幸雄氏の『日本の色辞典』という伝統色を正確な色標本とともに総覧する注目すべき本を刊行して、それはロングセラーをつづけている。

高価な本造りを指向してきた紫紅社が、平易で手頃な「新書」を出版するときいたのは、昨年の夏のおわり、紫紅社とかかわりの深かったわたしにも参加せよとのご指示があった。

その「新しい書」は「みやこの御本」シリーズと命名されて、都すなわち京都に関するあらゆるテーマを対象にするとしたようで、敷衍すれば、都が誕生し、発達した美術や芸能も含まれ、「みやこ」であるから、奈良のことだって扱うという。ただ、まずは「脚下」の京都をあらためて「照顧」しようと方針が決まった。

わたしは、昨年の六月なかばに『京都の寺社５０５を歩く』をいう上下二巻の本を上梓した（ＰＨＰ新書）。あしかけ四年におよぶ寺社取材をもとに、それらの由来、エピソード、みどころを記した。幸い好評を得て、たびたびの重版になっている。

そんな取材のなかで、自分なりに「京都」を整理する必要性にかられていたことはたしかで、たとえば「京の七口」とはどことどこか、「禅づら」をいうが、どこがどういわれているのか、寺社の別称の由来は、また、京都人の季節感と行事との関係は、などカード式程度のものを作成した。このもともとは、吉岡幸雄氏と造った『京のことのは』(幻冬舎)にあるのだが、この本はカラー写真がふんだんに収載されたもので、正直にいって原稿は印象文の域を出ていなかったし、本の性格上、それでよかった。

本書はそのもともとを分解して、数多くの項目を追加して、ほとんど全面的に書き直し、加筆した。派手な上着を脱いで変身して筋肉を鍛え直した「新書」である。

扱った項目は、京都への旅の誘いであり、京都の旅情を高めるものであり、京都をいっそう身近に感じられるものを選んだつもりである。

出版に際しては、紫紅社の小野久仁子氏、グループ会社のＩＢＣパブリッシングの浦晋亮氏、デザイナーの塩澤文男氏にお世話になった。末尾をかりてお礼を申しあげる。

平成二十年六月吉日

【著者紹介】

槇野　修（まきの　おさむ）

一九四八年東京生まれ。慶應義塾大学文学部卒。朝日新聞社出版局、ダイヤモンド社で雑誌や書籍の編集に携わり、一九八〇年に編集工房「離山房」設立。主に近現代の時代・文芸考証をテーマに編集や著述をおこなう。

著書に『京都の寺社５０５を歩く』上・下（ＰＨＰ新書）、『あの日の空もよう』『落語で江戸を聴く』（ＰＨＰ研究所）、『東京の美術館ガイド』（朝日文庫）『吟行東海道新幹線』（京都書院）など。

みやこの御本

古都《みやこ》の言《こと》の葉《は》　――京都を識るキー・ワード

二〇〇八年七月二十六日　第一刷発行

著　者　**槇野　修**

発行者　**清田順稔**

発行所　**紫　紅　社**

〒六〇五－〇〇八九

京都市東山区古門前通大和大路東入ル元町三六七

電　話　〇七五－五四一－〇二〇六

ＦＡＸ　〇七五－五四一－〇二〇九

E-mail:shikosha@artbooks-shikosha.com

印刷所　大日本印刷株式会社

ISBN978-4-87940-592-0 C0221

定価はカバーに表示してあります。

本文デザイン　久保雷三郎（カットクラウド）